Maïmouna Guerresi

AISHA IN WONDERLAND | AISHA AL PAÍS DE LES MERAVELLES

Edited by / editat per
Laura Cornejo Brugués
Manuela De Leonardis

SilvanaEditoriale

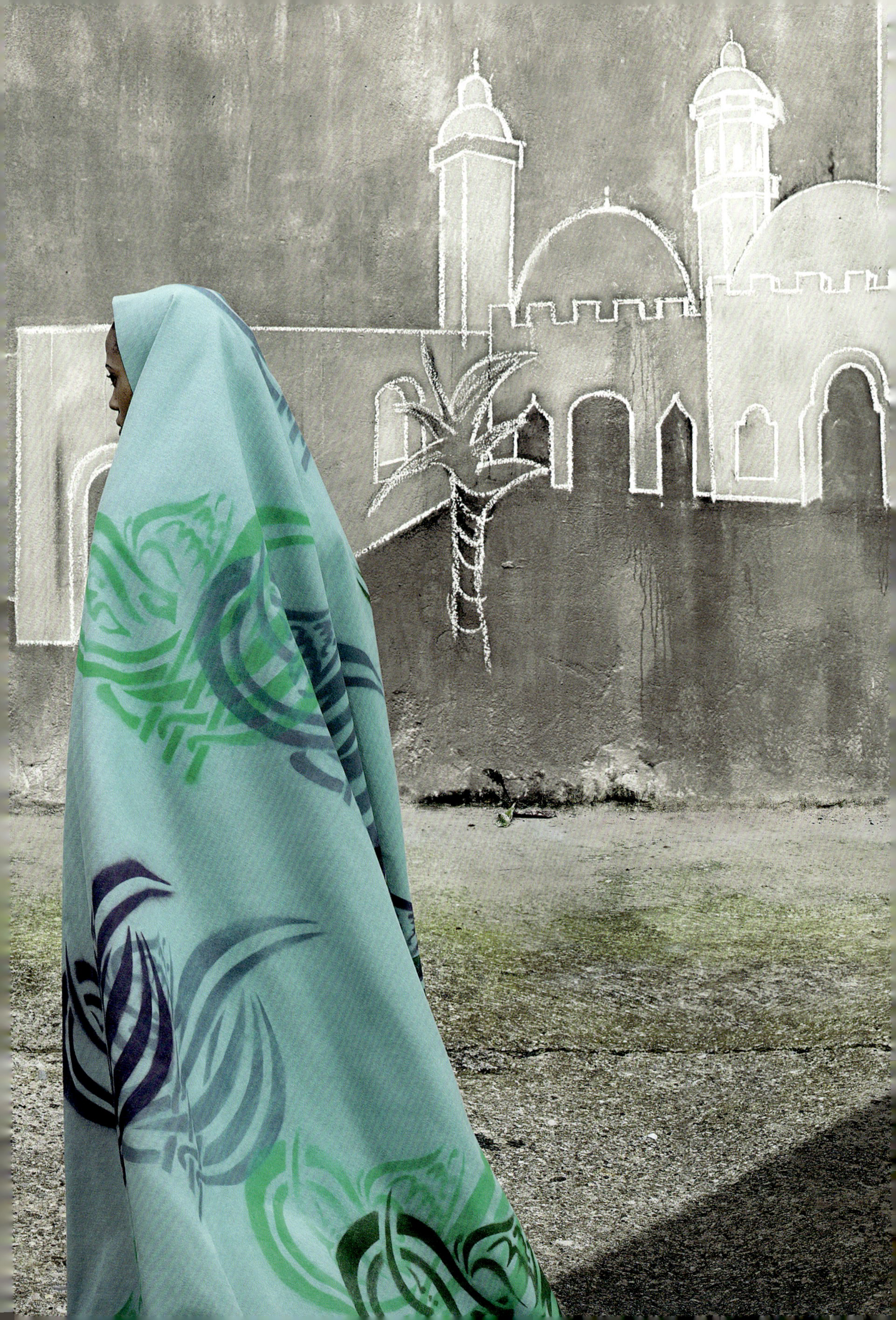

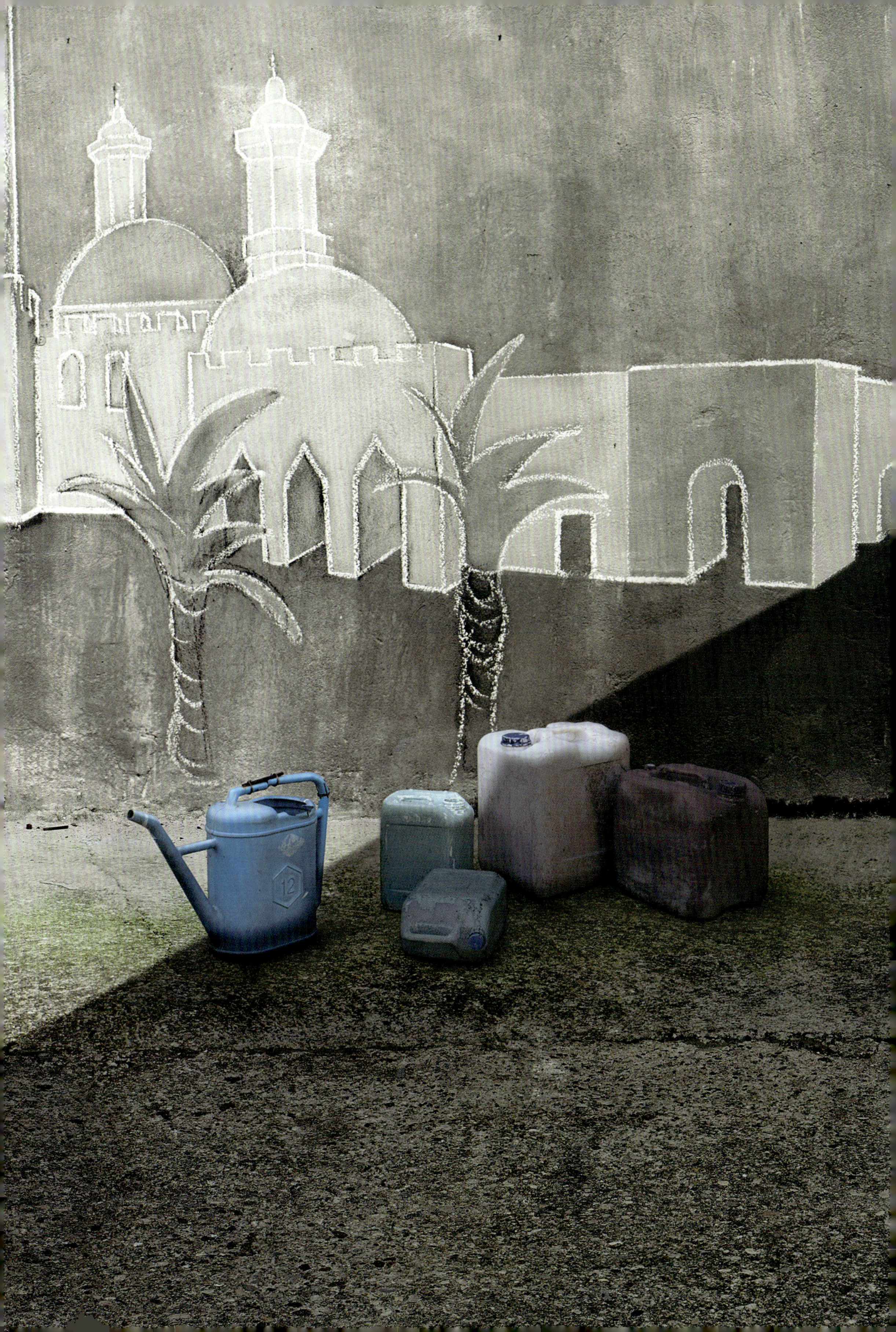
12

Cover / Coberta
Sound 6, 2017

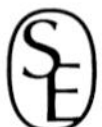

Silvana Editoriale

Direction / Direcció editorial
Dario Cimorelli

Art Director / Director artístic
Giacomo Merli

Editorial Coordinator / Coordinació editorial
Sergio Di Stefano

Copy Editor / Redacció
Lorena Ansani, Antonella Donaggio

Graphin Design / Projecte gràfic
Nicola Cazzulo

Translations / Traductors
Contextus srl, Pavia (Cristina Bartolomé, Daniela Innocenti, Gina Maneri)

Production Coordinator / Coordinació de producció
Antonio Micelli

Editorial Assistant / Secretaria de redacció
Ondina Granato

Photo Editor / Oficina iconogràfica
Alessandra Olivari, Silvia Sala

Press Office / Oficina de premsa
Lidia Masolini, press@silvanaeditoriale.it

Available through ARTBOOK | D.A.P.
155 Sixth Avenue, 2nd Floor, New York, N.Y. 10013
Tel: (212) 627-1999 Fax: (212) 627-9484

Maïmouna Guerresi

AISHA IN WONDERLAND | AISHA AL PAÍS DE LES MERAVELLES

Edited by / Editat per
Laura Cornejo Brugués
Manuela De Leonardis

Fondazione Pasquale Battista

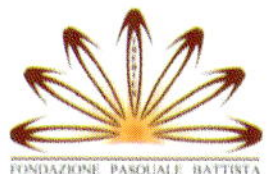

Coordination / Coordinació
Dino Lorusso
Ninni Castrovilli

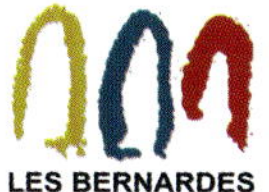

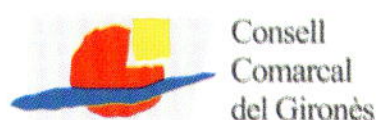

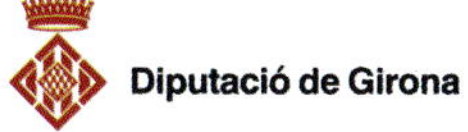

LES BERNARDES: THE CULTURE HOUSE IN THE GIRONA AREA

The Casa de Cultura Les Bernardes began its journey in 1983, following a lengthy series of ups and downs. Though we don't intend to dwell on the past, we do wish to revert to the idea of a journey as a process of reflection and introspection in the present in order to envisage the future.

Over the past thirty-five years, Les Bernardes has served a population that has undergone several changes, growing and diversifying – people who are still trying to adapt to a global world characterised by extreme acceleration. We should also bear in mind that the metropolitan area of Girona (Salt, in particular), features a high percentage of immigrant population, differing greatly as to origins, religion and culture.

Thanks to this demographic reality, Les Bernardes' cultural project has found itself facing the need to search for new roads, different tools of reflection more suited to the dwellers of global cities. *The year 2015 thus saw a still ongoing exploration of the idea of margin and periphery in relation to contemporary art and, more in general, the cultural issue. A margin and periphery in close keeping with the current features of our territory, which is undergoing profound – oftentimes destabilising – changes.*

The environment surrounding us feeds on men and woman that have arrived at their journey's destination. An undoubtedly painful route, filled with hopes and dreams, that they were forced to take. A journey that has sifted through countries and cities without avoiding the problems and difficulties that may have ensued. But in the words of Mark Twain, "Travel is fatal to prejudice, bigotry, and narrow-mindedness". And indeed, Les Bernardes' mission is to break, to smash, to tear up prejudice and preconceived notions in favour of a new way – freer and more dynamic – of seeing the world.

We're now about to embark on a new adventure with artist Maïmouna Guerresi and her Aisha in Wonderland, a Journey to Girona. *And we're able to do so thanks to the generosity of the Italian Fondazione Pasquale Battista, to which we are profoundly grateful. A journey that started in Italy – destination Catalonia – before moving on to the rest of the world. The most fascinating trips are those taken in company, walking side by side.*

Les Bernardes is a journey we share with culture, people and freedom. Our vehicle is art, and we want to decide on the destination together.

We have travelled, we're travelling, we want to travel, we will travel.

Robert Fàbregas i Ripoll
Director of the Casa de Cultura Les Bernardes

LES BERNARDES: LA CASA DE CULTURA DEL GIRONÈS

El viatge de la Casa de Cultura Les Bernardes es va iniciar l'any 1983 després d'un periple llarg i ple de vicissituds. No ens entretindrem a recordar el passat, però si a recuperar la idea de viatge com a procés per a la reflexió i la introspecció en el present per tal de plantejar el futur.
Al llarg d'aquests trenta-cinc anys, Les Bernardes ha estat al servei d'una població que ha anat canviant, ha crescut i s'ha diversificat. Unes persones que intenten encara adaptar-se a un món global extremadament accelerat. Cal tenir present que l'àrea metropolitana de Girona (i més concretament Salt) té un alt percentatge de població immigrada molt diferent a conseqüència del seu origen, religió i cultura.
Aquesta realitat demogràfica va plantejar al projecte cultural de Les Bernardes la necessitat de buscar nous camins, eines per a la reflexió diferents i més d'acord amb els habitants de les ciutats globals. Així doncs, des de l'any 2015 s'ha volgut explorar la idea de marge i perifèria en relació a l'art contemporani i al fet cultural en general. Un marge i una perifèria molt adients a les característiques actuals del nostre territori immers en un procés de canvi profund i, en moltes ocasions, pertorbador.
El nostre entorn es nodreix de persones les quals han arribat al seu destí a través d'un viatge. Un trajecte de ben segur dolorós, forçós i farcit de somnis i esperances. Un camí que ha garbellat els pobles i les ciutats sense obviar les dificultats i els problemes que això ha pogut ocasionar. Però com va dir Mark Twain "viatjar és un exercici amb conseqüències fatals pels prejudicis, la intolerància i les ments estretes". I, precisament, la missió de Les Bernardes és la de trencar, esberlar i fer a miques els preceptes establerts, les idees fixes en pro d'una nova manera de veure el món més dinàmica i lliure.
Ara emprenem una nova aventura de la mà de l'artista Maïmouna Guerresi i la seva "Aisha al país de les meravelles, un viatge a Girona". I ho fem amb la generositat de la Fundació italiana Pasquale Battista amb la qual ens sentim profundament agraïts. Un viatge que comença a Itàlia en direcció Catalunya i, d'aquí, al món. No se'ns acut una manera més suggerent de viatjar que fer-ho amb companyia, de caminar plegats.
Les Bernardes és un viatge compartit amb la cultura, amb les persones i amb la llibertat. El nostre vehicle és l'art i el nostre destí voldrem decidir-lo junts.
Hem viatjat, viatgem, volem viatjar, viatjarem.

Robert Fàbregas i Ripoll
Director de la Casa de Cultura Les Bernardes

TAKE CARE OF THE SENSE, AND THE SOUNDS WILL TAKE CARE OF THEMSELVES

If it's true that identity is metamorphosis, and changeable are the landscapes that illustrate its leaps and halts, its fractures and repairs; if it's likewise true that self-assertion is made possible exclusively by means of recognising otherness, we can claim, just as truthfully, that the bloodiest conflicts – social and personal, both historical and intimate in nature – have taken place in the name of "identity". Affirmation of the psychic, political, symbolic self has often asserted itself in terms of exclusion, cannibalization or colonisation of the "other", or even in terms of the very definition of diversity seen as a complement or mainstay of the subject *in its hegemonic position of power. Although several historical subjectivities (women, blacks, cyborgs) have attempted to rise up against a phallocentric, western and anthropized vision of social interaction, they have not always managed to evade the dualistic structure ("I/you", "man/nature", "subject/object"), at times – and with great bitterness – ending up by fostering mechanisms of subjection and consumption. Conversely, the environmental emergency and the digital revolution – potentially subversive processes in the possibility of redefining "identity" and "otherness" in favour of an alliance on equal terms – are, instead, calcifying the needs of mutual exclusion. Thus leading Alice (Aisha, Nadia, Selma, Rābi'a) to set off on a journey that will plunge her into a monstrous, turbulent Wonderland from which she will resurface – unlike herself and the creatures she meets – wearing opulent, colourful tunics, astride a tree, on trampolines hanging in mid-air, bags that turn into clouds, branches that turn into hair. It feels like Maïmouna Guerresi's works of art are inviting us to rethink the relationship (hostile, asymmetric, rejecting or assimilative) between "subjectivity" and "otherness" in favour of a harmonious scenario within which bodies, deities, objects, plants, houses all relate the possibility of coexisting outside logics of terror, exploitation and domination.*
This is the idea underlying the decision of the Fondazione Pasquale Battista – in collaboration with the Casa de Cultura Les Bernardes in Girona, Spain – to promote the project Aisha in Wonderland *by publishing this catalogue. In keeping with their mission of contributing to a reflection on potential models of an ethical and aesthetic relationship, the Fondazione hope that readers or visitors will find their nose in their coat pocket, like the barber Ivan Yakovlevich in Gogol's "The Nose", or turn into a wooden puppet like Pinocchio or an Ass like Apuleius narrated. That they will grow tall and shrink like Alice in Carroll's book. Becoming and transition as itineraries to explore new cultural paradigms, new patterns of political freedom. And, last but not least, imagination seen as a critical and creative force to redefine – without demeaning – the categories of "self" and "other". Never forgetting, as Guerresi hints at in her magnificent cover shot, to "take care of the sense, and the sounds will take care of themselves" (the Duchess,* Alice's Adventures in Wonderland, *London, Macmillan and Co., 1872).*

Annalisa Zito
Fondazione Pasquale Battista

TU PROCURA PEL SENTIT, QUE ELS SONS JA PROCURARAN PER ELLS

Si és cert que la identitat és metamorfosi, i que són mutables els paisatges que n'il·lustren els desnivells, les parades, les fractures i els pedaços; si també és cert que la reivindicació del jo és possible només a través del reconeixement de l'alteritat, igual de veritable és afirmar que en nom de la «identitat» s'han disputat els més sanguinaris conflictes socials i privats, de naturalesa històrica i íntima alhora. L'afirmació del jo psíquic, polític i simbòlic s'ha imposat molt sovint en termes d'exclusió, canibalització o colonització de «l'altre», o fins i tot en termes de definició de la diversitat, entesa com a complement o suport del subjecte *en la seva hegemònica posició de poder. Tot i que moltes subjectivitats històriques (dones, negres, cyborgs) hagin provat de revoltar-se contra una visió fal·locèntrica, occidental i antropitzada de la interacció social, no sempre han aconseguit fugir de l'estructura dualista «jo/tu», «home/natura», «subjecte/objecte» i, malauradament, de vegades han acabat alimentant mecanismes de subjecció i consum. D'altra banda, l'emergència ecològica i la revolució digital (els processos potencialment subversius a la possibilitat de redefinir «identitat» i «alteritat» a favor d'una aliança paritària) estan per contra calcificant les necessitats d'exclusió recíproca. I per aquest motiu, l'Alícia (Aisha, Nadia, Selma, Rābi'a) emprèn un viatge i cau en un País de les meravelles monstruós i turbulent, ressorgint diferent d'ella mateixa i de les criatures que hi ha trobat, amb sumptuoses túniques de colors, a lloms d'un arbre, sobre trampolins suspesos, bosses que es tornen núvols, branques que es tornen cabells. Les obres de l'artista Maïmouna Guerresi semblen convidar-nos a repensar la relació (hostil, asimètrica, repudiant o assimilativa) entre «subjectivitat» i «alteritat» a favor d'un escenari harmònic on cossos, divinitats, objectes, plantes i cases ens expliquen la possibilitat de coexistir més enllà de lògiques de terror, explotació i dominació.*

Partint d'aquesta suggestió, la Fundació Pasquale Battista en col·laboració amb la Casa de Cultura Les Bernardes de Girona, ha volgut promocionar el projecte Aisha al país de les meravelles, mitjançant la publicació d'aquest catàleg. Consistent amb la seva missió de contribuir a una reflexió sobre nous models possibles de relació ètica i estètica, la Fondazione desitja que el lector o visitant tingui l'ocasió de trobar el seu propi nas a la butxaca de la jaqueta, com li passava al barber Ivàn Jakovlèvič a «El nas» de Gogòl, o de transformar-se en un titella de fusta igual que el Pinotxo, o en un ase com ens narra Apuleu. De dilatar-se o encongir-se igual que el cos de l'Alícia a la novel·la de Carroll. El futur i la transició com a itinerari per explorar nous paradigmes culturals i d'agency política. I, per acabar, la imaginació com a força crítica i creativa per tornar a definir, sense mortificar-les, les categories del «jo» i de «l'altre». Sense oblidar en cap moment, com ens suggereix Guerresi en la magnífica fotografia de la portada, «Tu procura pel sentit, que els sons ja procuraran per ells» (la Duquessa, Alícia al país de les meravelles. *Traducció de Salvador Oliva, Londres, Macmillan and Co., 1872).*

Annalisa Zito
Fundació Pasquale Battista

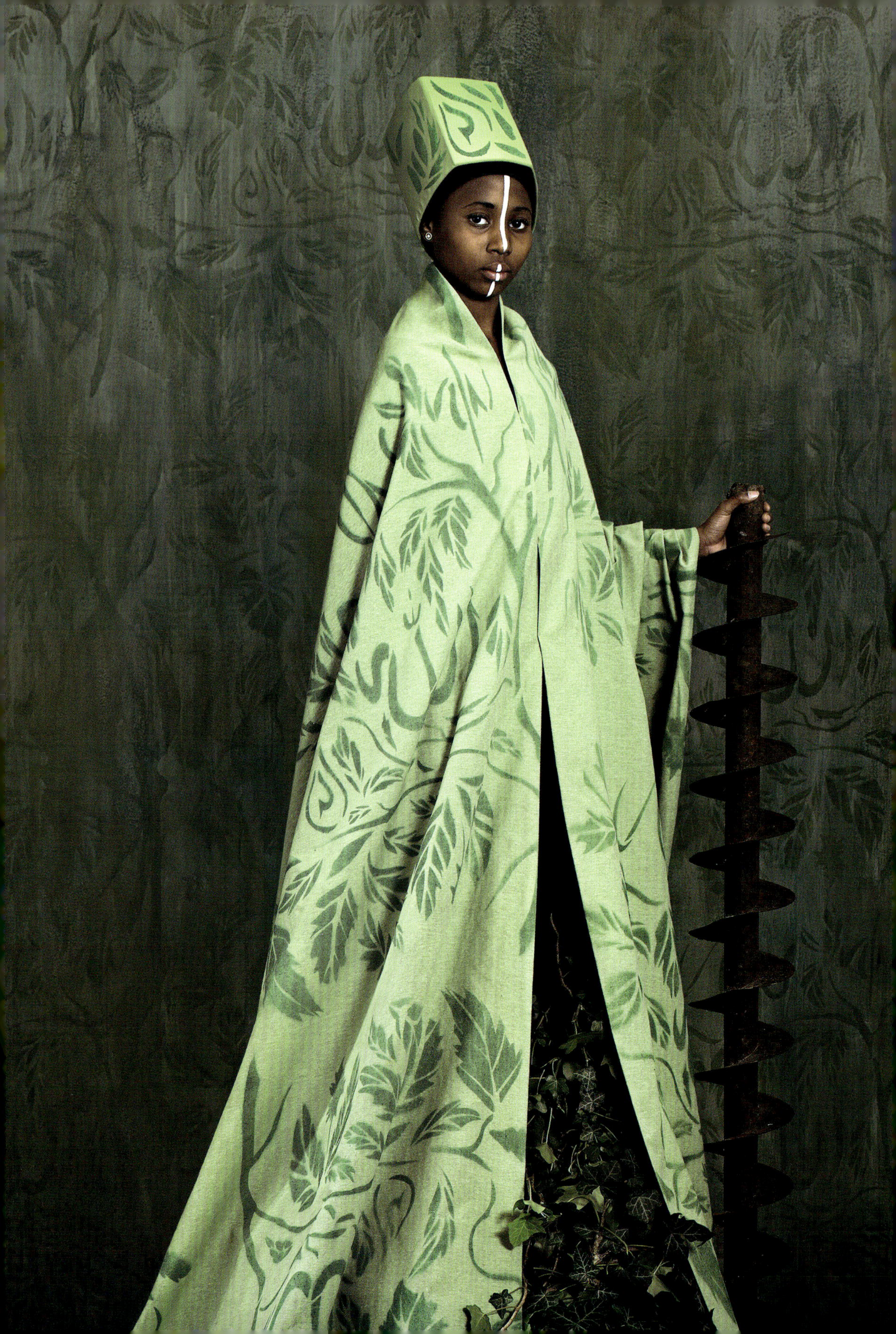

Contents / Resum

AISHA'S JOURNEY TO GIRONA
Wisdom and Beauty in the Art of Maïmouna Guerresi

LAURA CORNEJO BRUGUÉS*

> "If anything is sacred, the human body is sacred."
> Walt Whitman, *Leaves of Grass*, 1855

The Casa de Cultura Les Bernardes (Salt, Girona) hosts the national premiere of the work of renowned Italian-Senegalese creator Maïmouna Guerresi. True to her multidisciplinary work, the artist has devised a specific project made up of photography, video and installation. The title of the exhibition takes on a double meaning: *Aisha in Wonderland, a Journey to Girona*. The Catalan city thus turns into the destination of an artist whose work has travelled nearly all over the world (with exhibitions in Europe, Africa, the United States, Asia and the Middle East) and into the aim of an allegorical journey of initiation that Aisha – a contemporary metaphor of the character of Alice – takes through Wonderland.

The narrative interweaving between Aisha and Alice creates a system of echoes that resounds throughout Maïmouna Guerresi's artistic offer. The tribute to Alice's adventures, as related in Lewis Carroll's fantasy novel (published in 1865), shift us to a complex visual device which – through the artist's creative imagination – conveys and shares her thoughts and experience, thus investing the work of art with a polysemic nature wherein viewers are the agents generating meaning through their gazes. To contemplate Guerresi's art is to immerse ourselves in a particular creative universe revolving around the spirituality of human beings, with their defence of the heterodoxy inherent in individuals and cultures, which transcends all borders – psychological, cultural, religious, political and gender.

As Alice once did, Aisha embarks on her own journey through Wonderland, but wasn't it a place governed chaotically, with an arbitrary legal system devoid of meaning? Perhaps, here, the satirical reflection of Victorian England could be that of our neo-liberal and "liquid" world? Just like Alice, Aisha is a stranger in a strange land, of which she doesn't know the customs and traditions. Alice questioned authority on several occasions, attempting to understand the rules it enforces, though at a glance they may seem random and arbitrary. What if, today, the novel's critical reference to colonialism was fed by Aisha's veil? Aisha's photo portraits depict a woman of great spiritual strength and capable of doing away with the stereotypes associated with Islam. Aisha reminds us that for many Muslim women, the *hijab* symbolises identity and rebellion against imperialism, or a way of staying true to their origins, far from their home countries, as well of standing out as members of their community.

Assembled along a parallel path, the artistic installation *The Ablution Room* conjures up the monument known as the "Arab Baths" of Girona. The work references the Medieval tradition of public baths, a practice common to Muslims, Christians and Jews alike. The enclosure acted as a space of freedom where

EL VIATGE A GIRONA D'AISHA
Saviesa i bellesa en l'art de Maïmouna Guerresi

LAURA CORNEJO BRUGUÉS*

«Si existeix alguna cosa sagrada,
és sens dubte el cos humà»
–Walt Whitman, *Fulles d'herba*, 1855

La Casa de Cultura Les Bernardes (Salt, Girona) acull en primícia nacional l'obra de la reconeguda creadora italo-senegalesa Maïmouna Guerresi. Fidel al seu treball multidisciplinar l'artista ha ideat, per als quatre espais expositius del centre, un projecte específic compost de fotografia, vídeocreació i instal·lació. El títol de la mostra és doblement significatiu: *Aisha al país de les meravelles, un viatge a Girona"*. La ciutat catalana es converteix en destinació d'una artista l'obra de la qual ha recorregut gairebé tot el món –amb exposicions a Europa, Àfrica, Estats Units, Àsia i Orient Mitjà– i en meta d'un viatge iniciàtic i al·legòric que Aisha –traslació contemporània del personatge d'Alícia– realitza al país de les meravelles.

L'entrecreuament narratiu d'Aisha i Alícia genera un sistema de ressons que vibren en la proposta artística de Maïmouna Guerresi. L'homenatge a les aventures d'Alícia, descrites en la novel·la de fantasia de Lewis Carroll –publicada el 1865–, ens trasllada a un complex dispositiu visual que transmet i comparteix el pensament i l'experiència de l'artista, mitjançant la seva imaginació creadora; per consegüent, s'atorga a l'obra d'art un caràcter polisèmic en el qual l'espectador és agent generador de significat a través de la seva mirada. Contemplar l'art de Guerresi suposa immergir-se en un particular univers creatiu que gira al voltant de l'espiritualitat de l'ésser humà, amb una apologia a l'heterodòxia dels individus i les cultures que transcendeix les fronteres psicològiques, culturals, religioses, polítiques i de gènere.

Com antany fes Alícia, Aisha emprèn el seu propi viatge al país de les meravelles. Tanmateix, no era aquest un lloc governat de forma caòtica, amb un sistema legal arbitrari i mancat de sentit?; potser el reflex satíric de l'Anglaterra victoriana podria ser aquí el del nostre món neoliberal i "líquid"? Com Alícia, Aisha és una estrangera en una terra estranya, de la qual desconeix els hàbits i costums. En moltes ocasions, Alícia posava en dubte l'autoritat i intentava comprendre les regles que aquesta imposa, encara que d'antuvi semblin aleatòries i arbitràries. És potser avui, a través del vel d'Aisha, que es retroalimenta aquella al·lusió crítica de la novel·la al colonialisme? Els retrats fotogràfics d'Aisha són la representació d'una dona espiritualment forta, capaç de dissipar els estereotips associats amb l'Islam. Aisha ens recorda que per a moltes dones musulmanes, l'*hijab* és un símbol d'identitat i de rebel·lia *contra* l'imperialisme, o una manera de romandre fidels als seus orígens, lluny de la seva terra, i distingir-se com a membres de la seva comunitat.

En sentit anàleg, s'articula la instal·lació artística "La sala de les ablucions", tot evocant el monument conegut com els "Banys

any differences would reconcile in favour of sociability shared via this ritual purification. In its transversal, shared appreciation of religion, this piece by Guerresi reminds us that cultural uniformity and colonisation are alien to the great traditions of humanity.

"There was a time when I would reject a neighbour whose faith differed from my own. Now my heart can take on any form" said the great Spanish Sufi philosopher Ibn Arabi. All peoples, all cultures and all races were equipped with natural qualities – which, traditionally, have revealed themselves by means of resources such as Art, interpreted as a vehicle and support for the transformation – allowing them to develop the experience of the Sacred. In Sufism, the so-called "masters of the heart" work with the arts – that is, the domain of "creating beauty" – as a mystical journey. In a pair of works called *Sound*, art – in this case, music – represents the means to foster the inner possibilities of human beings, the recollection of the Divine and communication, basic premises of Islam that Sufism has strengthened in artistic creation.

This "inner concentration" and, at the same time, this "complete opening to the outside", tackles the issue of art's transforming power; not only as regards the process of inner search, but also as regards the complex and ever-relevant issue of art's role in connection with political and social action. The apparent contradiction between the self-absorption that might be entailed by an introspective glance and social transformation become Maïmouna Guerresi's exhibition discourse, assuming that a certain way of existing on behalf of the individual implicates a political attitude for the ability of generating changes in our surroundings. Resuming the journey towards spirituality in art – apart from trends and the market – equals abandoning a demystified vision of the world, wherein the idea of the artistic path as a journey of initiation is implicitly present. The concept of inner identity and communication is essential to freedom of expression, as proven by Maïmouna Guerresi's own artistic path, not to mention Aisha's journey.

Through a strong sense of self, the characters in the photographs walk through or stand in unusual spaces, as if taking possession of new physical and spiritual faculties. The *Trampolines* series might suggest the arrival of energetic configurations that would entail great risks, as well as the announcement of overcoming and evolution in spheres the protagonist once believed she didn't master. Indeed, this object may symbolise the establishment of a close connection with our soul, since Maïmouna Guerresi enjoys exploring the theme of balance – a reflection of her dual culture and belonging – in a world of infinite possibilities – as many as the individuals capable of experimenting – to which mystical wisdom and Sufi arts open onto.

The video creation *Akhfà Zero* appears to aim towards the tradition of milk, which in Islamic spirituality means balance, the right proportion, and symbolises *fitra* – that is, the innate nature of human beings. Concepts such as serenity, majesty, levitation and repose, as expressed by Guerresi's figures, are achieved by means of wide, simple geometric shapes that convey a psychological balance – comparable to the solemn nobility typical of Piero della Francesca's veiled *Madonnas*. The contrast between absolute frontality and profile, the tension in the female figure resembling a column due to its juxtaposition with a tree trunk, bring us closer to the symbolism of *Roots* – the tree whose outstretched branches will continue symbolising the

àrabs" de Girona; aquesta al·ludeix a la tradició medieval dels banys públics, un hàbit corrent tant per a les persones de religió musulmana com per als cristians i els jueus. El recinte va funcionar com un espai de llibertat on les diferències es reconciliaven en favor d'una sociabilitat compartida per mitjà de la purificació ritual. En la seva apreciació transversal i compartida de la religió, aquesta peça de Guerresi ens recorda que la uniformitat i la colonització cultural són quelcom aliè a les grans tradicions de la humanitat.

«Hi va haver un temps que jo rebutjava el meu proïsme si la seva religió no era com la meva. Ara el meu cor s'ha convertit en el receptacle de totes les formes», va dir el gran filòsof espanyol i sufí Ibn Arabi. Tot poble, tota cultura, tota raça, ha estat dotada amb qualitats naturals a partir de les quals desenvolupar l'experiència del Sagrat, que s'han manifestat tradicionalment gràcies a recursos com ara l'Art, entès com a vehicle i suport per a la transformació. En el sufisme, vessant mística de l'Islam, els anomenats "mestres del cor" treballen amb les arts –o el domini de "fer allò bell"– com a camí místic. En un parell d'obres titulades *Sound*, és l'art –en aquest cas la música– el mètode per fomentar les possibilitats interiors de l'ésser humà, la remembrança del Diví i la comunicació, premisses bàsiques de l'Islam que el sufisme ha potenciat en la creació artística.

Dita "concentració interior" i, alhora, "obertura absoluta a l'exterior", aborda la qüestió del poder transformador de l'art; no només en referència al procés de recerca interior sinó també al dilema complex i sempre vigent sobre el paper de l'art en relació amb l'acció política i social. L'aparent contradicció que existeix entre aquell entotsolament que podria suposar la mirada introspectiva i la transformació social, es resol en el discurs expositiu de Guerresi en plantejar que una determinada manera d'estar al món per part de l'individu, implica una actitud política per la seva capacitat de generar canvis en l'entorn. Reprendre el camí vers l'espiritualitat en l'art –al marge de les modes i del mercat– és abandonar una visió desacralitzada del món, on es trobaria implícita la idea del recorregut artístic com un camí iniciàtic; els conceptes d'identitat interior i comunicació són fonamentals per a la llibertat d'expressió, i el camí artístic de Maïmouna Guerresi i el viatge d'Aisha així ho confirmen.

Els personatges de les fotografies, a través de llur ferm sentit del jo, caminen o s'aturen en espais inusuals, com apropiant-se de noves facultats físiques i espirituals. La sèrie *Trampolines* podria suggerir l'arribada de configuracions energètiques que requeriran la presa de decisions arriscades, i l'anunci de la superació i l'evolució en àmbits que la protagonista abans creia no dominar. Potser aquest objecte simbolitzi l'establiment d'una bona connexió amb la nostra ànima, doncs Maïmouna Guerresi es complau d'explorar el tema de l'equilibri –reflex de la seva doble cultura i pertinença– en un món d'infinits possibles –tants com individus amb capacitat d'experimentar– envers on s'orienten la saviesa mística i les arts sufís.

La vídeo-creació *Akhfa Zero* apuntaria a la tradició de la llet, que en l'espiritualitat islàmica significa l'equilibri, el just mitjà, i constitueix el símbol de la fitra o naturalesa primordial de l'ésser humà. Conceptes com la serenitat, la majestat, la levitació i el repòs, palesos en les figures de Guerresi, s'obtenen mitjançant formes àmplies, simples i geomètriques que comporten un equilibri psicològic; es diria aquella noblesa solemne tan pròpia de les madonnes velades de Piero della Francesca. El contrast de

multiple states of being as they grow on the face of the Earth.

For the artist, a renewed iconographic updating of Islamic religious symbols and of the Western artistic language represents the means to connect past and present throughout the various styles and periods of her production, where the *leitmotiv* has always been the timeless queries linking art, spirituality and life. Moving away from the portrait tradition, Maïmouna Guerresi doesn't capture individual personalities in her portraits but, rather, the individual's conjunction with a higher sphere. The sequences of figures join the visible and the invisible of being, placing us – like mirrors – before the silent, immobile nature of a body that acts as a transmitter towards the transcendent, towards an abstract, universal identity shared by particular destinies. Disguised by sculptural – almost architectural – garments, these metaphysical subjects blend with their surroundings so as to become someone else; resorting to the strategy of camouflage, they appear to extend far beyond their physical limits. The artist herself painted the photography backdrop like a new and unlimited space setting out to conquer another aesthetic, plastic and perceptive dimension. Therefore, rather than acting as a support for symbols to depict material objects, the canvas-backdrop turns into a surface of the viewers' mental and spiritual projection.

Maïmouna Guerresi has adopted the Sufi thought of "creating beauty" as her own special domain. By means of the symbols and metaphors that make up her methodology, and acting on the sacred and the female dimension concealed in human beings, the spiritual beauty exuded by her images is an art that casts light on the mysteries of the body as well as calling on the values of permanent diversity and versatility that yearn to be revealed. In its extensive trajectory, this subtle, skilful artistic work has consisted in empowering women of all eras, cultures and geographical origins, questioning reality and identity according to an interpretation of Islamic spirituality and its hybridisation with Western culture.

Aisha's journey to Girona is only one step further in this imaginative periplus through Wonderland, which flashes into a single statement: the self is the other. Perhaps all of life should be a constant transformation, an intense journey on the cultural and moral plane, an incessant and creative passage capable of enriching our existence: "Art is not a thing – it is a way" (Elbert Hubbard).

* Art Historian PhD, independent curator and professor

la frontalitat absoluta amb el perfil, la tensió de la figura femenina semblant a una columna per la seva juxtaposició amb el tronc d'un arbre, ens atansen al simbolisme de *Roots*, o l'arbre que amb les seves branques esteses seguirà sent una metàfora dels múltiples estats de l'ésser mentre aquests creixin sobre la faç de la terra.

Per mitjà d'una reactualització iconogràfica dels símbols religiosos islàmics i del llenguatge artístic occidental, l'artista connecta passat i present en els diferents estils i èpoques de la seva producció, el fil conductor de la qual són els interrogants atemporals que relacionen art, espiritualitat i vida. Allunyant-se de la tradició retratística, Maïmouna Guerresi no captura personalitats individuals en les seves fotografies sinó la conjunció de l'individu amb una esfera superior. Les seqüències de figures reuneixen el visible i l'invisible de l'ésser, confrontantnos com un mirall a la immobilitat i al silenci d'un cos que actua com a transmissor cap al trascendent, cap una identitat abstracta i universal que acomuna els destins particulars. Vestits amb robes escultòriques, gairebé arquitectòniques, aquests subjectes metafísics es mimetitzen amb l'entorn per ser altres; emprant l'estratègia del camuflatge, aquests éssers plurals semblen estendre's més enllà dels seus límits físics. Convé ressaltar que és la mateixa artista qui pinta el fons fotogràfic, com un espai nou i il·limitat a la conquesta d'una altra dimensió estètica, plàstica i perceptiva. D'aquesta manera, el fons-tela ja no exerceix com a suport de signes per a representar objectes materials, sinó que es converteix en una superfície de projecció mental i espiritual de l'espectador.

Maïmouna Guerresi ha adoptat aquell "fer allò bell" del pensament sufí com el seu domini particular. A través dels símbols i metàfores que integren la seva metodologia, i actuant sobre allò sagrat i la dimensió femenina que bateguen en l'ésser humà, la bellesa espiritual que emana de les seves imatges és un art que dilucida els misteris del cos, tot invocant els valors de la diversitat i la versatilitat permanents que anhelen ser desvelades. Un treball artístic subtil i savi, que al llarg d'un dilatat itinerari creatiu ha consistit en apoderar les dones de totes les èpoques, cultures i geografies, qüestionant la realitat i la identitat sota la clau interpretativa de l'espiritualitat islàmica i la seva hibridació amb la cultura occidental.

El viatge a Girona d'Aisha esdevé un pas més en aquest periple imaginatiu al país de les meravelles, que fulgura en una constatació: el jo és un altre. Potser tota vida hauria de ser una contínua transformació, un intens viatge en el pla cultural i moral, un trànsit incessant i creador que pugui enriquir la nostra existència: «L'art no és una cosa, sinó un camí» (Elbert Hubbard).

* Doctora en Història de l'art, comissària independent i professora

WALKING ALONG ALL PATHS

MANUELA DE LEONARDIS*

Say not, "I have found the truth," but rather, "I have found a truth."
Say not, "I have found the path of the soul." Say rather, "I have met the soul walking upon my path."
For the soul walks upon all paths.
The soul walks not upon a line, neither does it grow like a reed.
The soul unfolds itself, like a lotus of countless petals.
Kahlil Gibran, *The Prophet*

The journey in search of knowledge has a point of departure, but only rarely is there a single destination. Gibran devotes a whole chapter of his most famous work to self-knowledge, speaking of "hearts that know the secrets of the days and the nights" and "ears that thirst for the sound of that knowledge". However, he also warns us about the limitation inherent in the desire to weigh the "treasure of our infinite depths… for self is a sea boundless and measureless".
Knowledge is never univocal, and the mechanisms underlying its starting impulse lead the individual to confront his or her interior world with the exterior world, struggling along in an attempt to find a balance between doubts, perplexities and opportunities. Any journey calls for a great effort, physical and mental alike – everyone knows that.
Though Maïmouna Guerresi also views knowledge as a difficult stage of the journey, she knows it cannot be renounced. It is a moment of reflection that takes on a variety of meanings. In her work, the artist has repeatedly given visual shape to this deep longing – a longing she experienced first-hand before entrusting it to the many characters that crowd her creative universe.
Chiefly female characters who let their extraordinariness filter through, within and without the patterns of the everyday, poised between geographies that vary through space and time.
Their names are Nadia, Aisha, Selma, Rābi'a… Though these women move independently, their strength – which springs from reciprocity – shines through.
At times, Guerresi herself shows viewers more defined geopolitical coordinates, by referring more explicitly to her own experience as a woman and artist with a cultural heritage spanning all periods, from Renaissance art to Body Art. She divides her time between Italy and West Africa, she converted to Islam and her second husband is a Baye Fall.
However, she puts no pressure on her viewers as to the quest for new directions to follow in order to cross the maps that lead to the land of emotion.
The artist embarks with great consistency on this journey, of which *Aisha al país de les meravelles* ("Aisha in Wonderland") at the Casa de Cultura Les Bernardes in Girona – a city showcasing age-old memories founded, ever since ancient times, on the dialogue between East and West – is a new chapter. Within the framework of the exhibition, the

EN MARXA PER TOTS ELS CAMINS

MANUELA DE LEONARDIS*

No digueu mai: «He trobat la veritat», sinó:
«He trobat una veritat».
No digueu: «He trobat el camí de l'ànima»,
sinó: «He trobat l'ànima caminant pel meu
camí».
Car l'ànima segueix tots els camins.
L'ànima no camina per damunt d'una ratlla
ni creix com una canya.
L'ànima es desplega ella mateixa com un
lotus de pètals incomptables.

Kahlil Gibran, *El Profeta*

En el viatge a la recerca del coneixement hi ha un punt de sortida, però és difícil que hi hagi un sol punt d'arribada. Gibran dedica un capítol de la seva obra més coneguda al coneixement de nosaltres mateixos, parla de «cors que coneixen en silenci els secrets dels dies i de les nits» i «vides que tenen set del coneixement del vostre propi cor». I també adverteix sobre la limitació inherent a voler pesar «el vostre desconegut tresor», «perquè el propi ésser és un mar sense mesura ni límits».

El coneixement no és mai unívoc i els mecanismes que estimulen la seva posada en marxa porten l'individu a comparar el seu món interior amb l'exterior, lluitant amb força per trobar un equilibri entre dubtes, perplexitats i possibilitats. És ben sabut que qualsevol viatge requereix un gran esforç mental i físic.
El coneixement també representa per Maïmouna Guerresi una dura etapa del viatge, si bé no hi pot renunciar. És un moment de reflexió que té diferents significats. En el seu treball com a artista ha donat forma visual en diferents ocasions a aquest anhel profund, viscut en la seva pell i després confiat a alguns dels personatges que poblen el seu univers creatiu.
Figures prevalentment femenines que deixen entreveure les seves extraordinàries qualitats, tant dins com fora dels esquemes de la quotidianitat, sospeses entre geografies que canvien en l'espai i en el temps.
Es diuen Nadia, Aisha, Selma, Rābi'a... dones de les quals, tot i actuar autònomament, se'n subratlla la força que es desprèn de la reciprocitat.
De vegades és la mateixa Guerresi, qui suggereix a l'observador unes coordenades geopolítiques més definides, amb referències explícites a la seva experiència personal com a dona i artista amb un bagatge cultural que comprèn totes les èpoques, des de l'art del Renaixement fins al Body Art, que viu entre Itàlia i Àfrica Occidental, que s'ha convertit a l'Islam i que està casada en segones núpcies amb un Baye Fall.
Així i tot, l'observador no pateix pressions a la recerca de noves direccions per travessar els seus mapes, que condueixen al territori de les emocions.
Un viatge que l'artista comença amb molta coherència i del que *Aisha al país de les meravelles* a la Casa de Cultura Les Bernardes de Girona (una ciutat palimpsest d'antigues memòries, basades des de l'antiguitat en el diàleg entre Orient i Occident) n'és un nou pa-

site-specific installation *The Ablution Room* represents the ritual moment of purification that is repeats itself in the presence of water – even beyond the symbolic meaning it takes on in the various world religions. A moment of profound regeneration, both within and without. For Maïmouna Guerresi, it is also the chance to pay formal homage to the Catalan city, by conjuring up the Arab Baths. Built in the 12th century in the architectural style of the Roman Baths, they bear the traces of a past seesawing between light and darkness, attesting to a period in history when Jewish, Christian and Muslim cultures coexisted peacefully and lent one another strength in the encounter of similarities and differences. Integration, tolerance, openness and respecting diversity are complementary aspects of knowledge, subjects of a dialectic which, in Guerresi's works, are not merely words whispered by cloaked and veiled figures.

Before a painted backdrop, reminiscent of the tradition of studio portrait photography, her monumental figures (successors of her "giants") slowly lose their two-dimensional hieratic character to enter a potentially real landscape – themselves becoming a part of it. A landscape wherein a tangible ambiguity is foretold by the evidence of objects that play on their double nature, such as the megaphone, the trampoline, the swing and seesaw, the plastic bag-clouds that whirl in the sky like puffed-up balloons.

There are no certainties, doubts are constructive: this is what Maïmouna Guerresi's message seems to repeat like a mantra.

As to nature, it offers a further key to knowledge, containing as it does the state of harmony that accompanies the creation of the world. Nature reveals its great force along the path walked by human beings, for example, when the baobab tree with its roots that speak of eternity – soaring high with its antenna-branches set towards the future – restores the calming breath of ancestral wisdom.

The path within this viewing space is, in a certain sense, esoteric, as suggested by the exhibition title – *Aisha al país de les meravelles*. Thus, Lewis Carroll's Alice becomes Aisha (which means "she who lives" in Arabic), the prophet Muhammed's favourite wife, but the element of wonder surrounding her remains the same. And reminds us of the incompleteness of a cognitive experience lacking in curiosity, amazement and wonder.

A final note on the role of photography. Restored to its traditional function of "witnessing" an event, in capturing the moment, it establishes a relation of oneness between photographers and their subjects. In the words of Susan Sontag (*On Photography*): "Insofar as photography is (or should be) about the world, the photographer counts for little, but insofar as it is the instrument of intrepid, questioning subjectivity, the photographer is all". In the works of Maïmouna Guerresi, who – with a presence for photographic language – uses a wide range of techniques including drawing, painting, sculpture, performance, installation and video, photography is none other than the final stage of a lengthy creative process throughout which the artist created everything on her own, including the costumes and stage design for sets devised as art theatre. She sees theatrical gestures as actions allowing us to perform the transformation from the everyday to the sacred.

* Art historian, journalist and independent curator

ràgraf. La instal·lació *site-specific* "La sala de les ablucions", en el context de l'exposició, és justament el moment ritual de la purificació que es renova amb la presència de l'aigua, fins i tot més enllà de l'aspecte simbòlic que assumeix a les diferents religions del planeta. Un moment de profunda regeneració interior i exterior. Per Maïmouna Guerresi és també l'ocasió per formalitzar un homenatge a la ciutat catalana a través de l'evocació dels Banys àrabs que, construïts al segle XII segons la tipologia arquitectònica de les termes romanes, evoquen les restes d'un passat fluctuant entre la llum i l'obscuritat; són testimonis d'una època de la història en què les cultures jueva, cristiana i musulmana convivien pacíficament i es reforçaven en la comparació entre similituds i divergències.

Integració, tolerància, apertura i respecte per les diversitats són els aspectes complementaris del coneixement, arguments d'una dialèctica que, a les obres de Guerresi, no es limita a paraules murmurades per cossos coberts amb robes.

Davant el fons pintat, que recorda la tradició fotogràfica dels retrats d'estudi, les seves monumentals figures (hereves dels «giants») perden lentament el seu hieratisme bidimensional per entrar en un paisatge potencialment real, formant-ne part elles mateixes.

Un paisatge on l'ambigüitat és tangible, ja anunciada per l'evidència d'objectes que juguen amb una doble natura com el megàfon, el trampolí, el gronxador, el balancí o els núvols-bosses de plàstic que s'enlairen inflades com si fossin globus.

No hi ha certeses, el dubte és constructiu: això és el que sembla repetir com un mantra el missatge de Maïmouna Guerresi.

Pel que fa a la natura, ofereix una altra clau d'accés al coneixement en acollir l'estat d'harmonia que acompanya la creació del món. Per exemple, la gran força de la natura es revela en el camí de l'ésser humà quan l'arbre del baobab, que estira les seves branques-antenes cap al futur i les arrels del qual parlen d'eternitat, ens torna l'alè tranquil·litzador de la saviesa ancestral.

En aquest espai d'observació, el recorregut és, en certa manera, iniciàtic, com d'altra banda suggereix el títol de l'exposició *Aisha al país de les meravelles*. Llavors, l'Alícia de Lewis Carroll es converteix en Aisha (que en àrab vol dir *viva* o *vivent*), l'esposa preferida del profeta Mahoma, però no canvia l'element de la meravella que l'envolta, recordant-nos com n'és d'incompleta l'experiència cognitiva quan no considera la curiositat, la sorpresa i la meravella.

Una darrera reflexió té a veure amb el paper de la fotografia, que torna a la seva funció tradicional de «testimoni» dels esdeveniments que, parant el moment, estableix la relació d'unicitat entre subjecte i fotògraf. Com escriu Susan Sontag a *Sobre la fotografia. Realitat i imatge a la nostra societat*: «En la mesura que la fotografia és (o hauria de ser) un discurs sobre el món, el fotògraf no hi compta gaire, però en la mesura que és l'instrument d'una subjectivitat intrèpida i curiosa, el fotògraf ho és tot». Maïmouna Guerresi utilitza el dibuix, la pintura, l'escultura, la performance, la instal·lació i el vídeo, entre altres tècniques, donant un privilegi especial al llenguatge fotogràfic. En la seva obra, la fotografia no és sinó la fase final d'un procés creatiu que implica confeccionar ella mateixa el vestuari i les escenografies dels *sets* pensats com un vertader teatre de l'art. Els posats teatrals, per a ella, són l'acció que permet portar a terme la transformació del fet quotidià en sagrat.

* Historiadora de l'art, periodista i comissària independent

AISHA IN WONDERLAND | AISHA AL PAÍS DE LES MERAVELLES

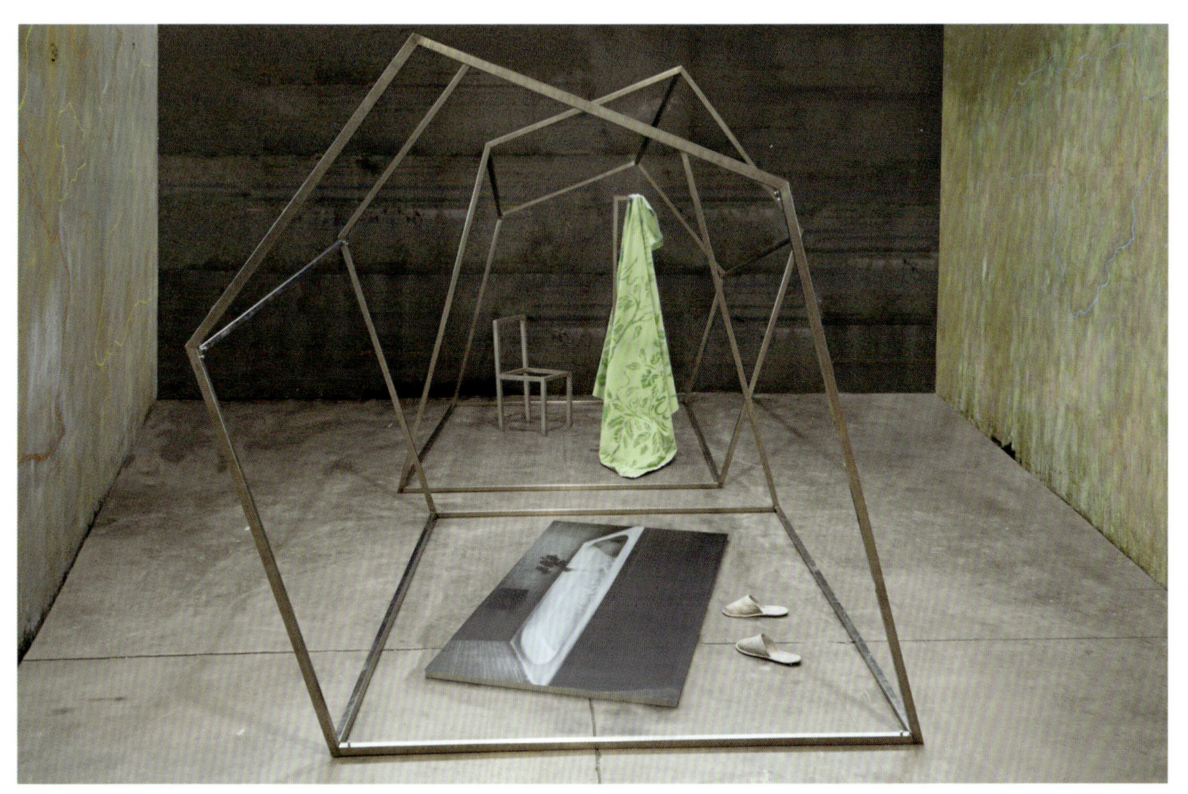

La sala de les ablucions, 2019
Installation, steel structures,
230 × 190 × 250, h 230 × 190 × 250 cm;
chair, aluminum castings, 81,5 × 36,5 × 40 cm;
slippers, 27 × 11 × 8, 27 × 11 × 8 cm;
painted fabric, 390 × 136 cm;
clothes hangers, aluminum castings
170 × 30 × 30 cm; photos on aluminum,
100 × 145 cm

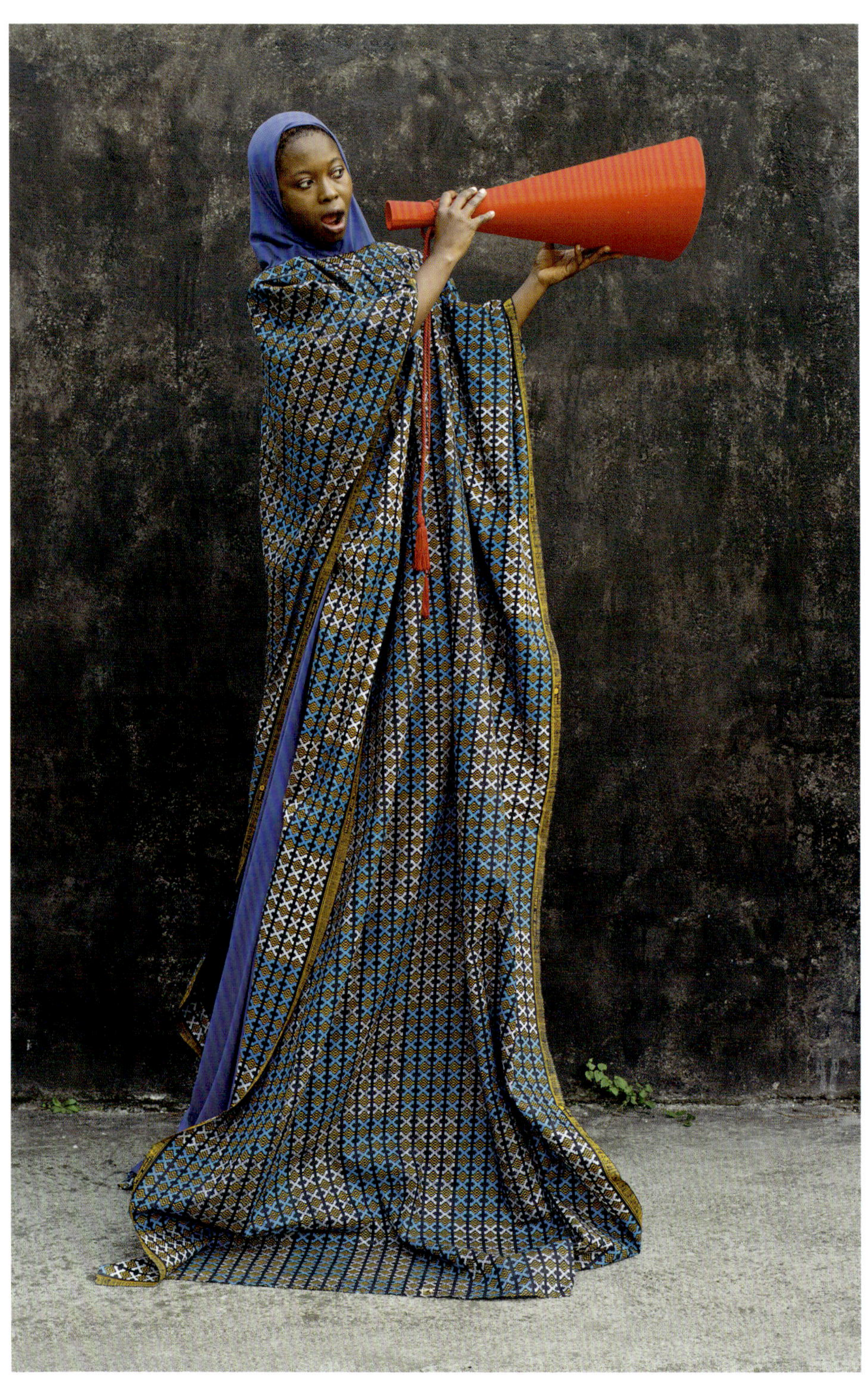

Sound 6, 2017
Lambda print, 200 × 125 cm

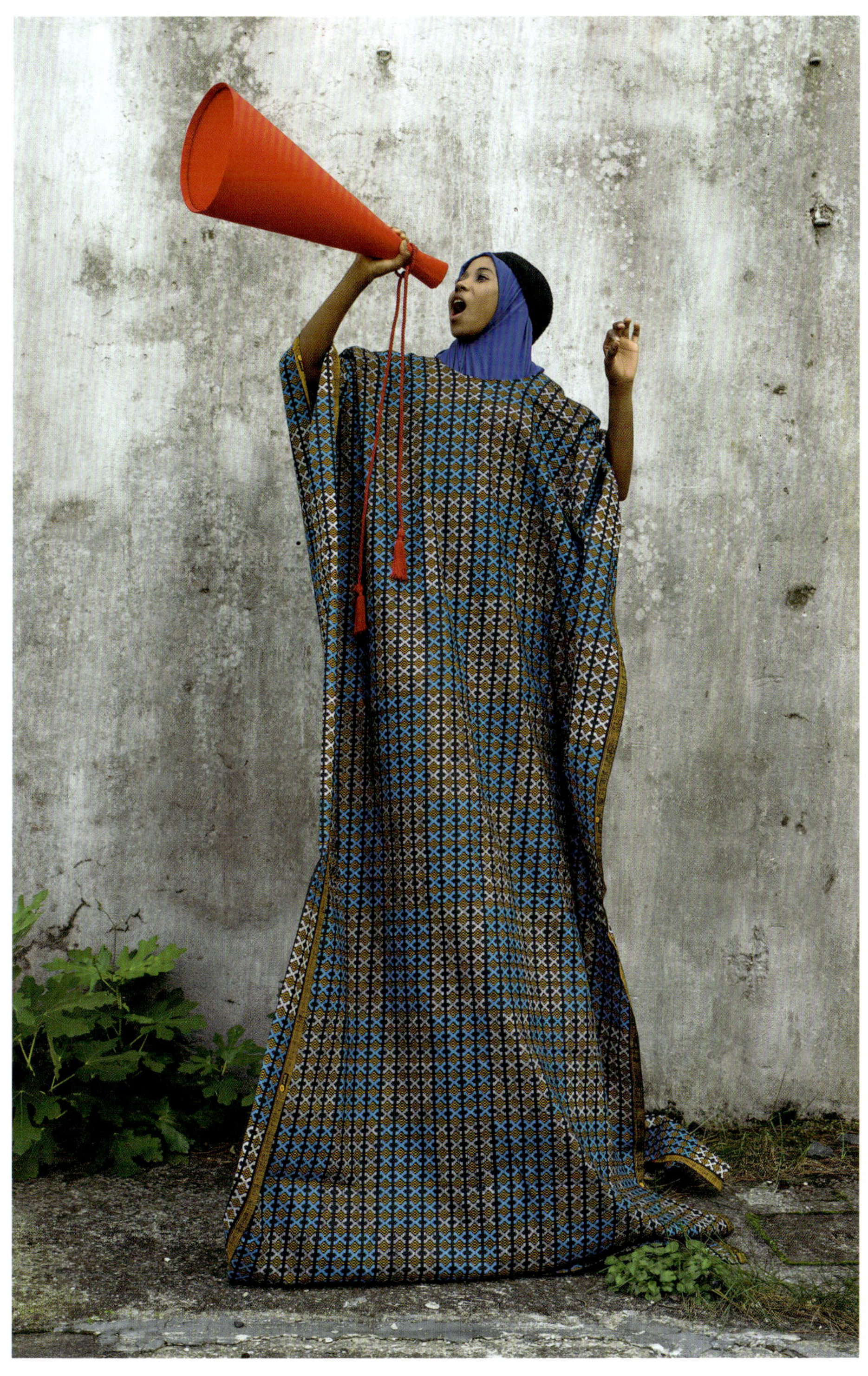

Sound 5, 2017
Lambda print, 200 × 125 cm

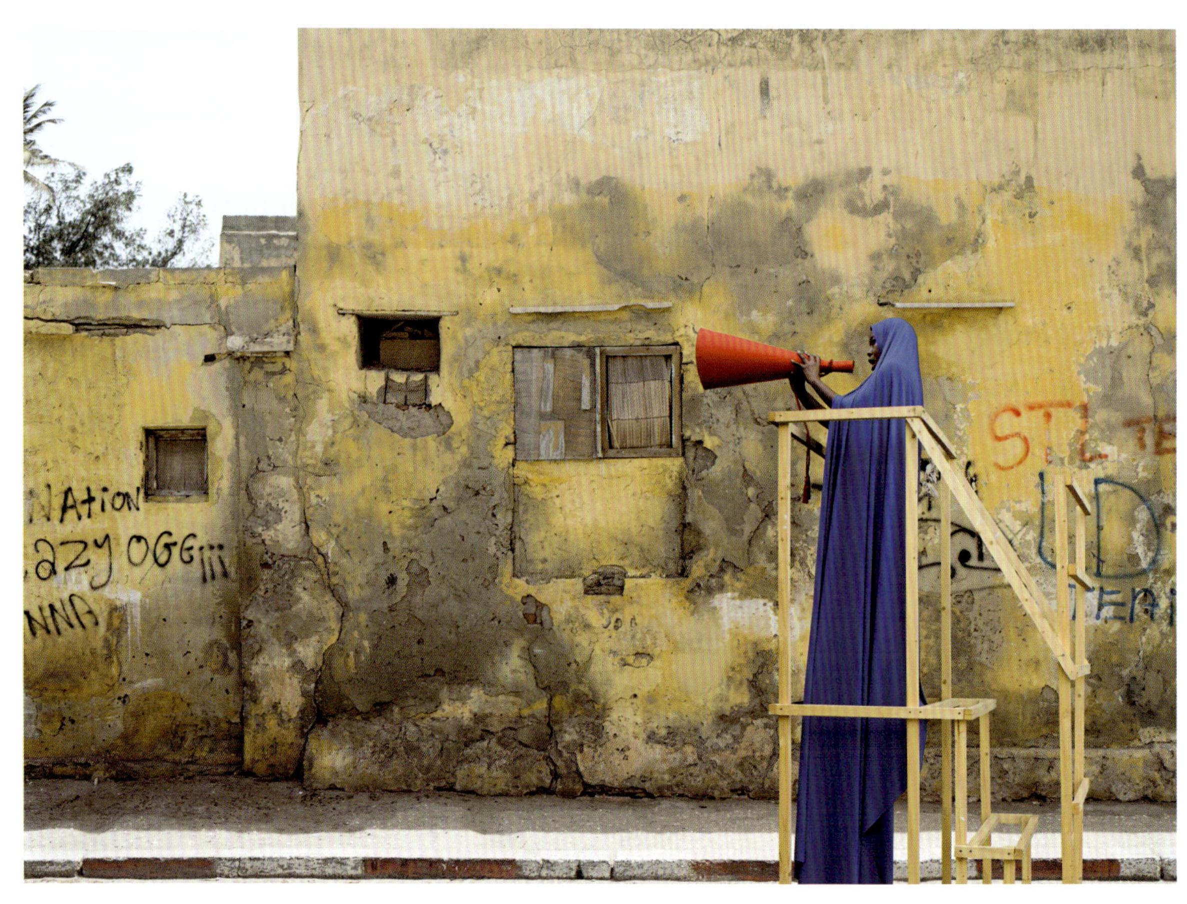

Sound 2, 2017
Lambda print, 74 × 100 cm

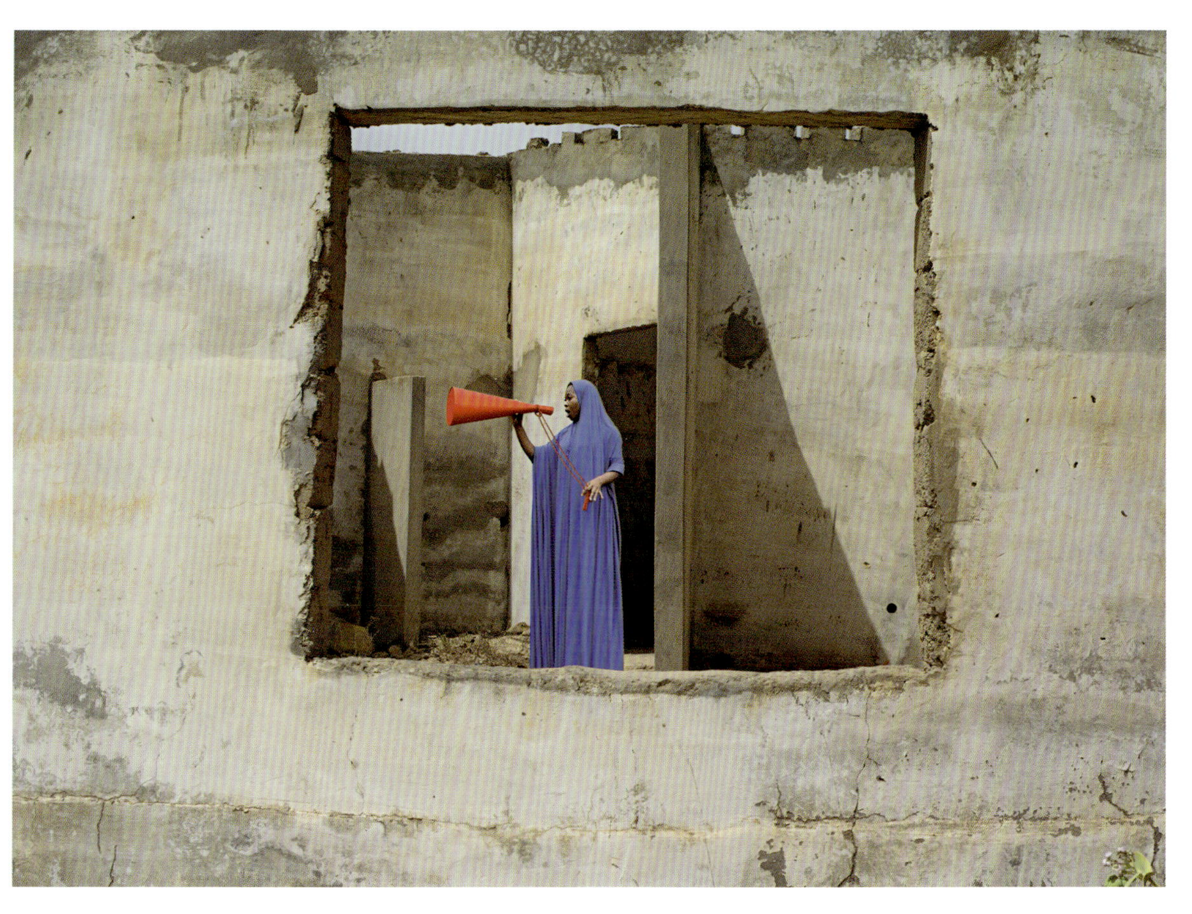

Sound 1, 2017
Lambda print, 70 × 100 cm

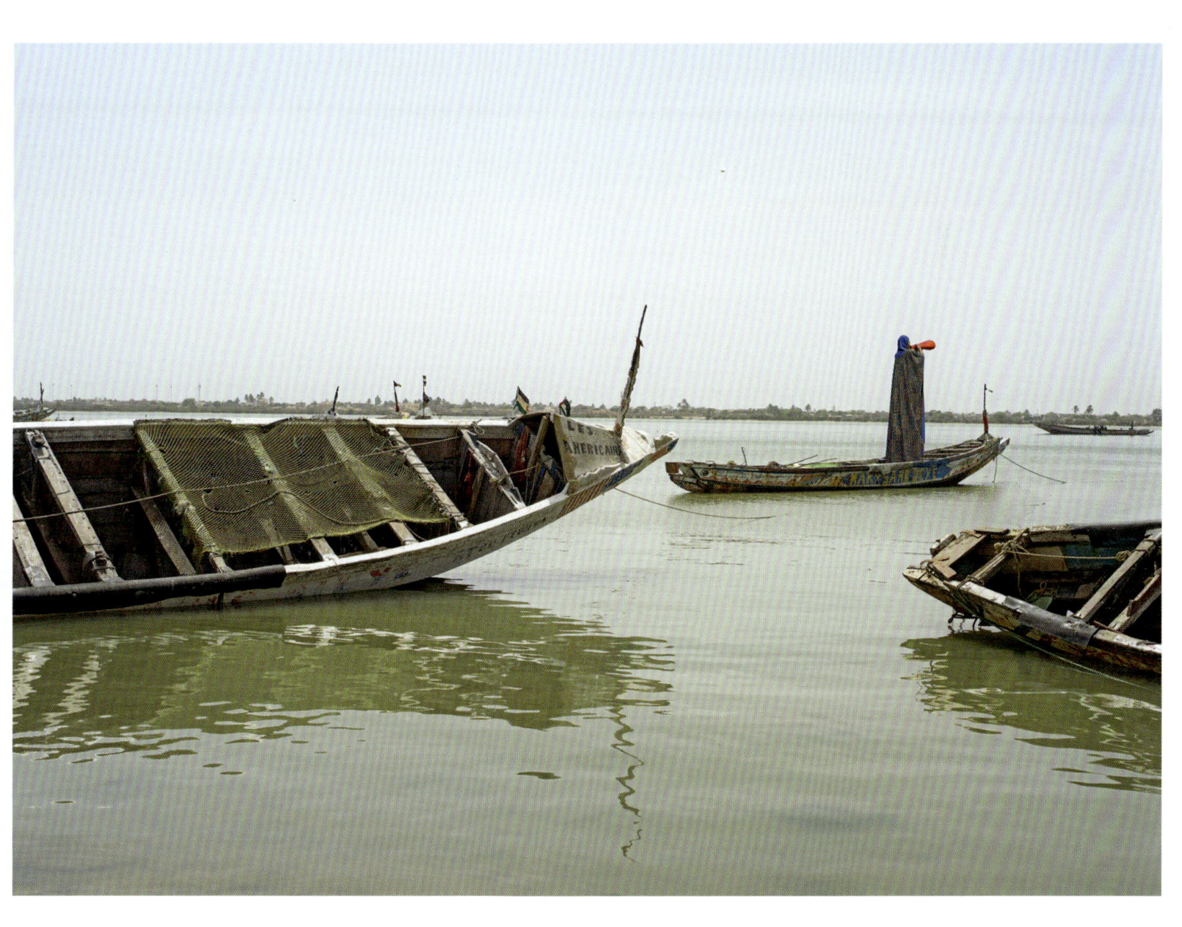

Sound 3, 2017
Lambda print, 70 x 100 cm

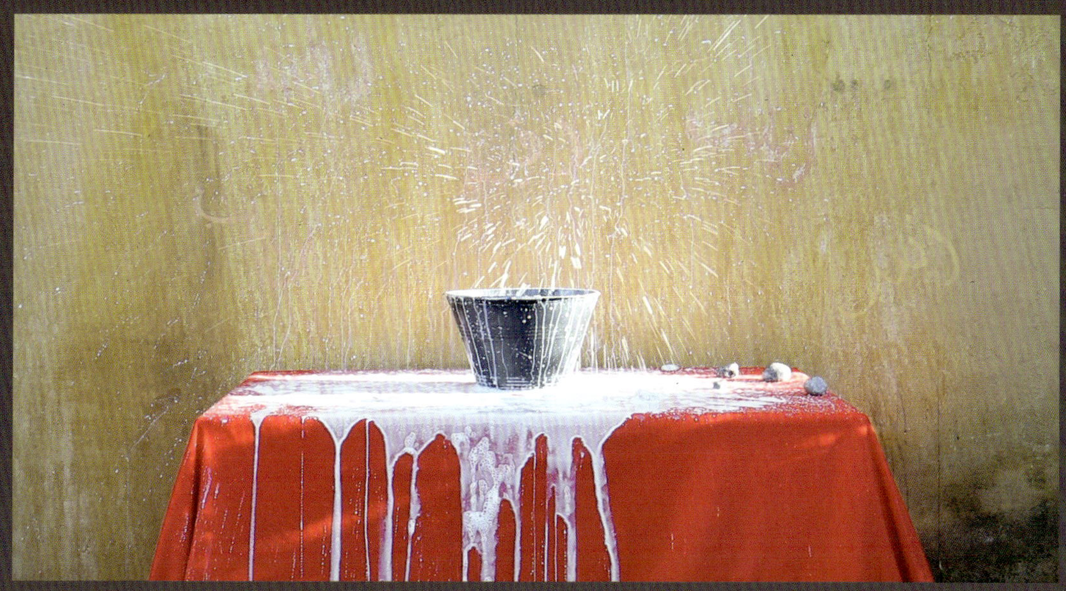

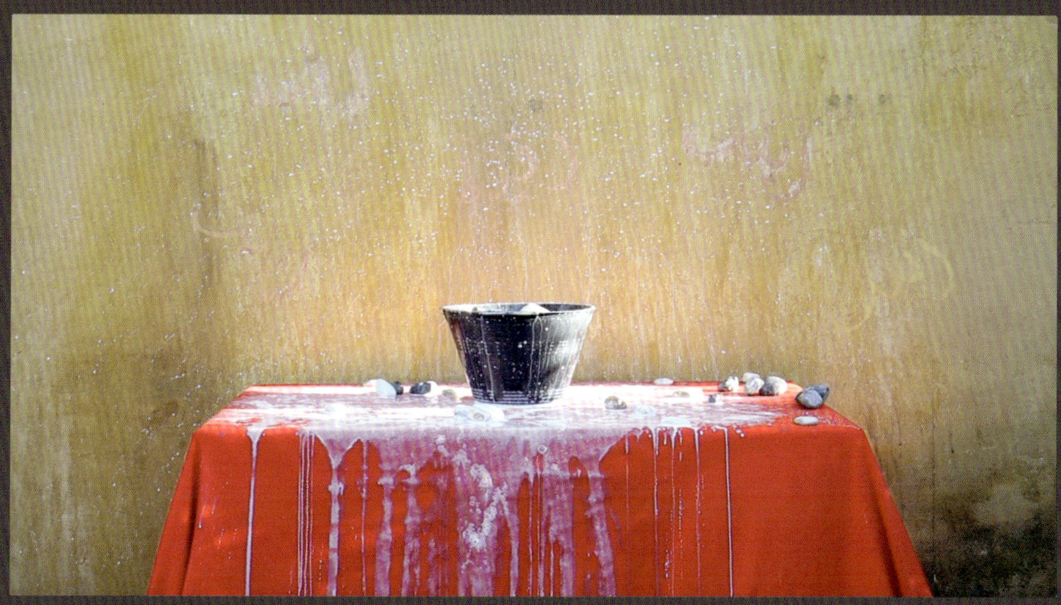

Akhfa Zero, 2015
Video still,
video duration 5:55 min.

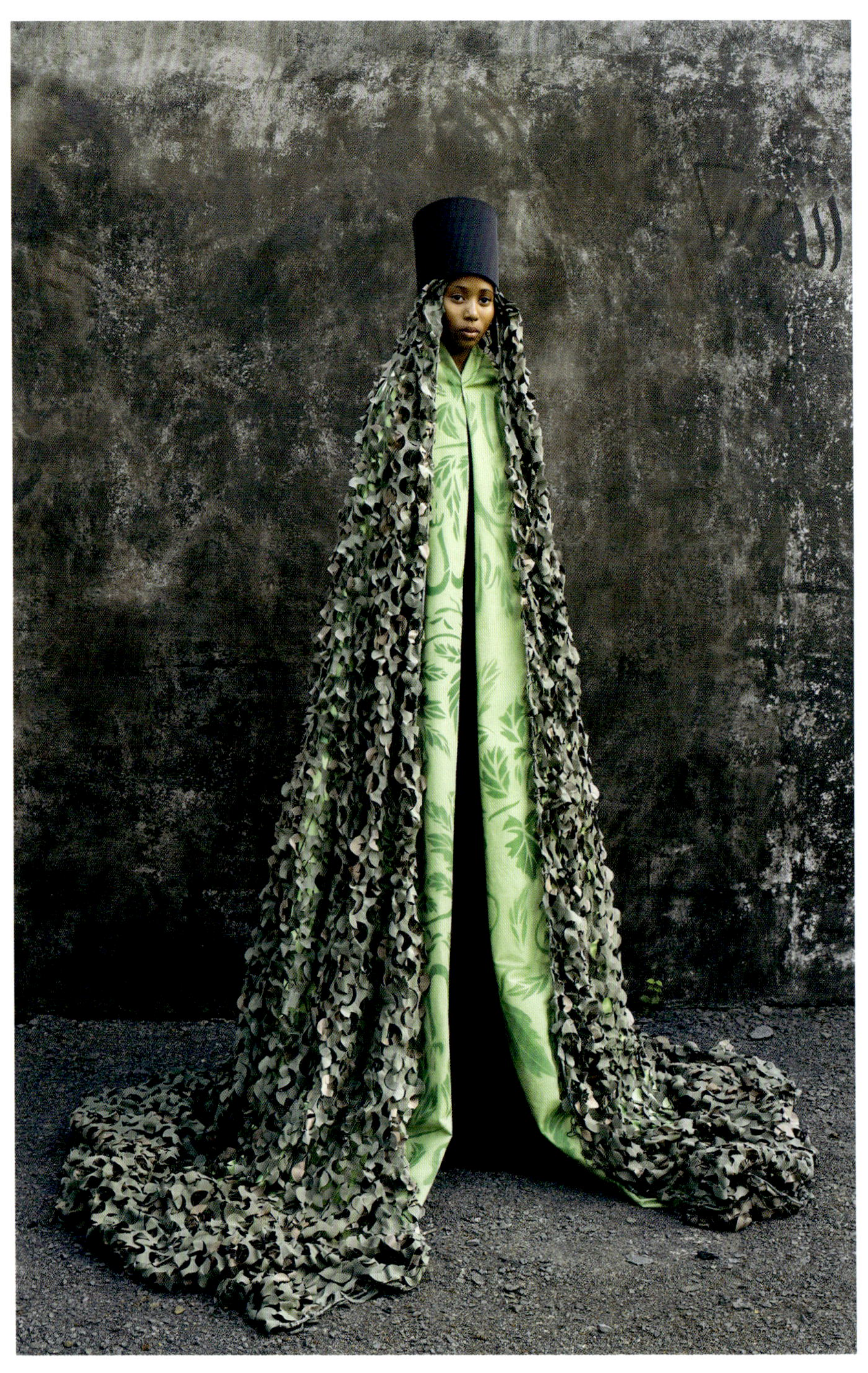

Aisha, 2015
Lambda print, 200 × 125 cm

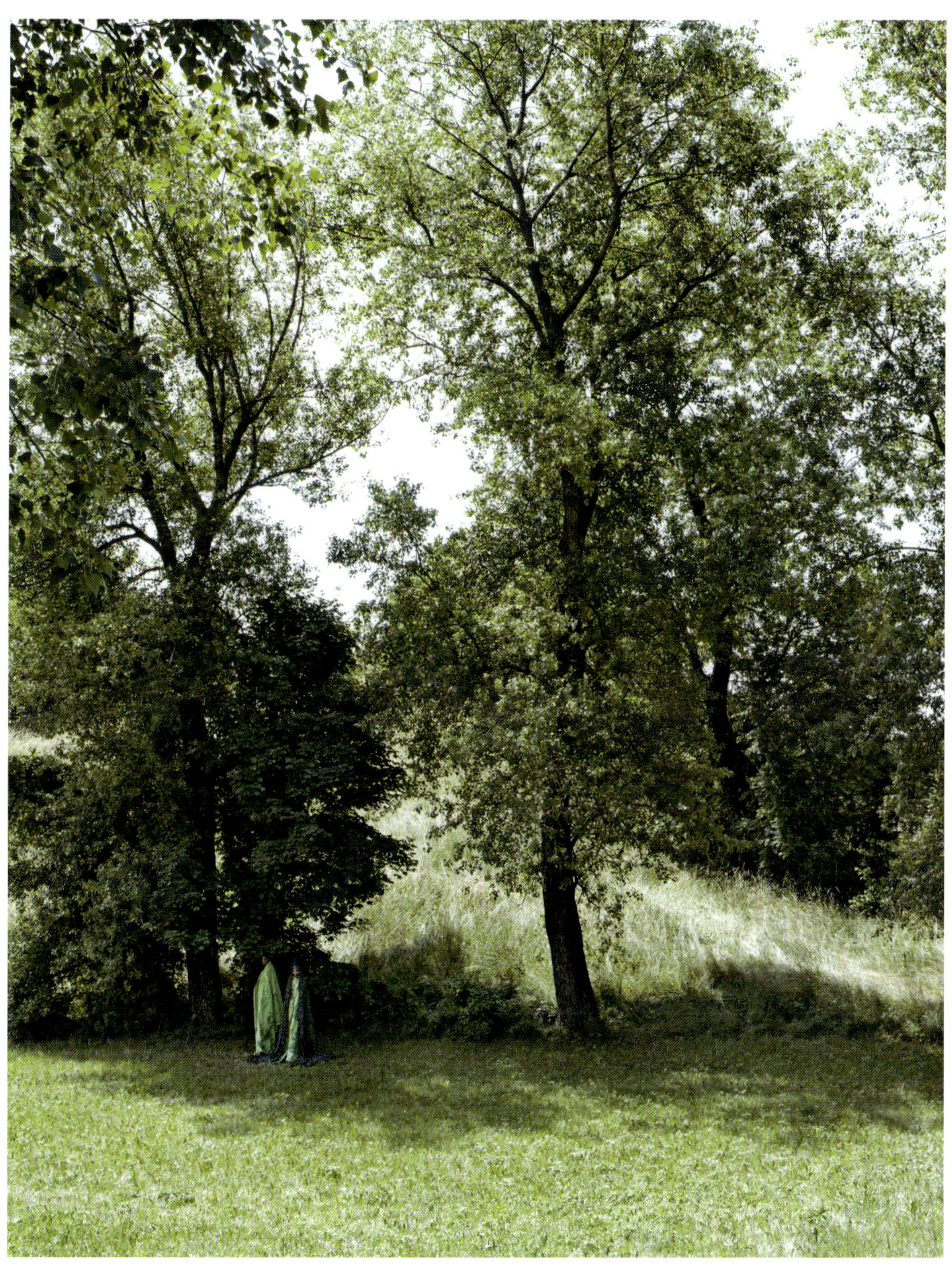

Mimetic Landscape, 2015
Lambda print, 53 × 40 cm

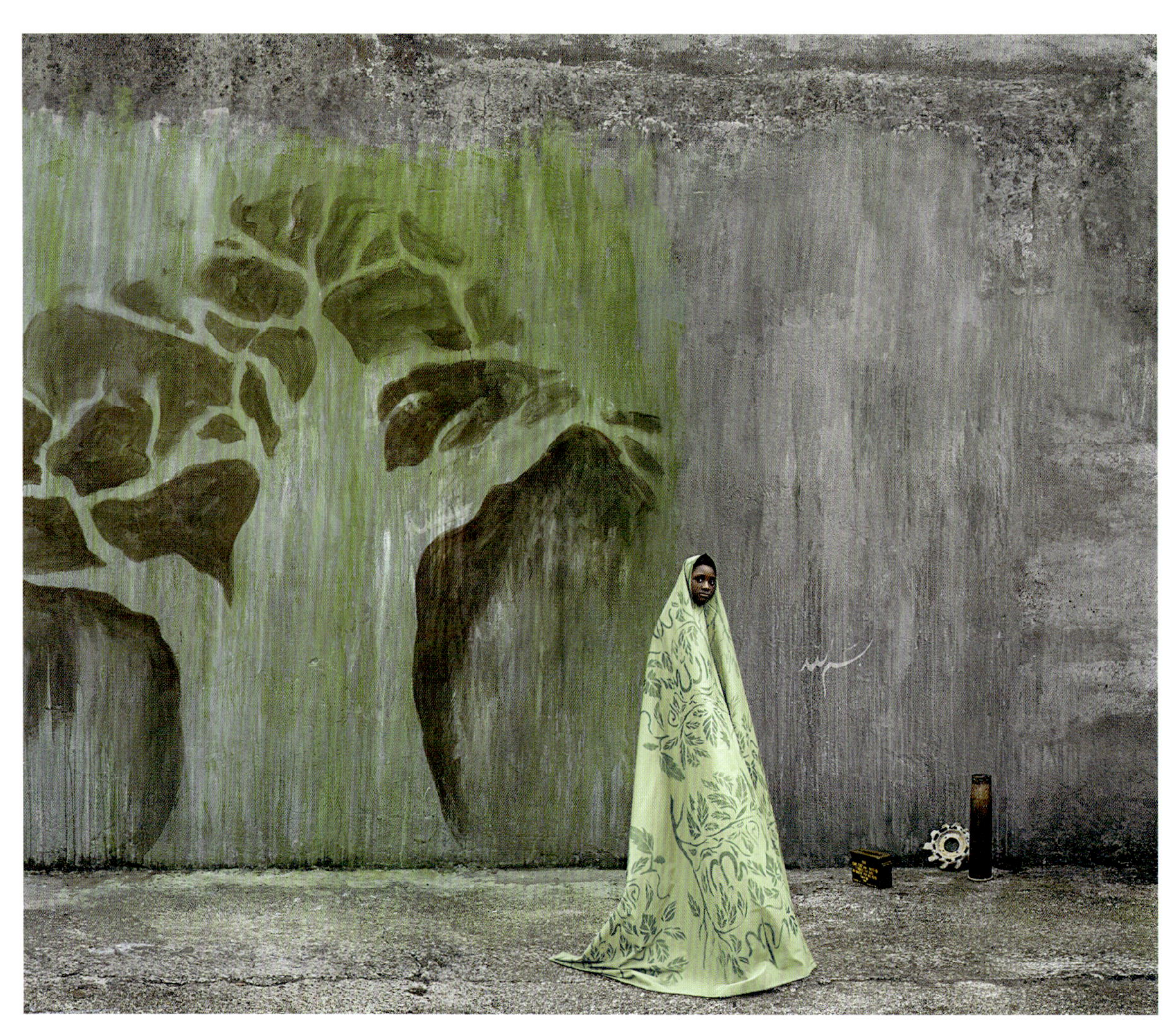

Aisha's Stories 1, 2016
Lambda print, 143 × 125 cm

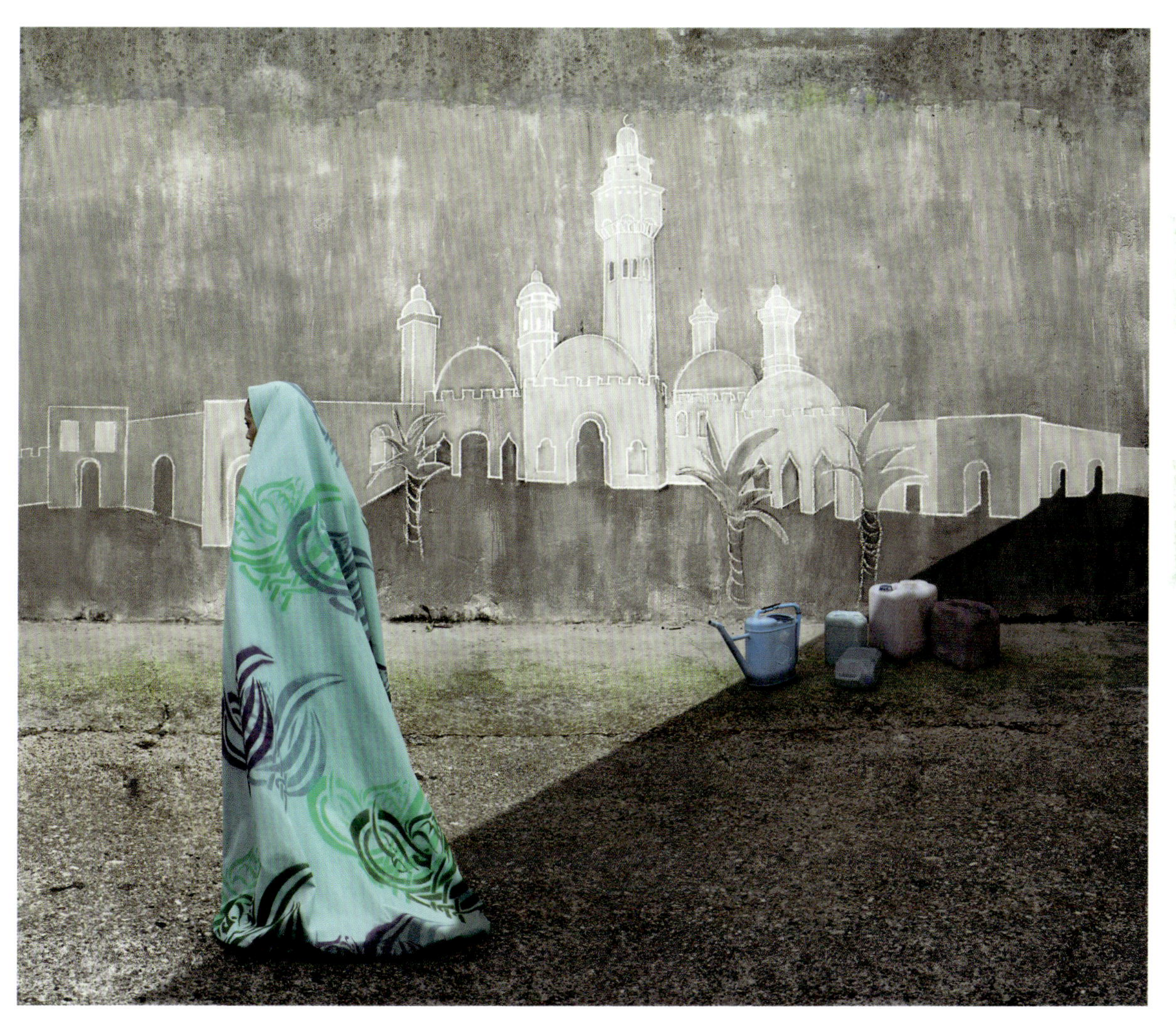

Aisha's Stories 2, 2016
Lambda print, 143 × 125 cm

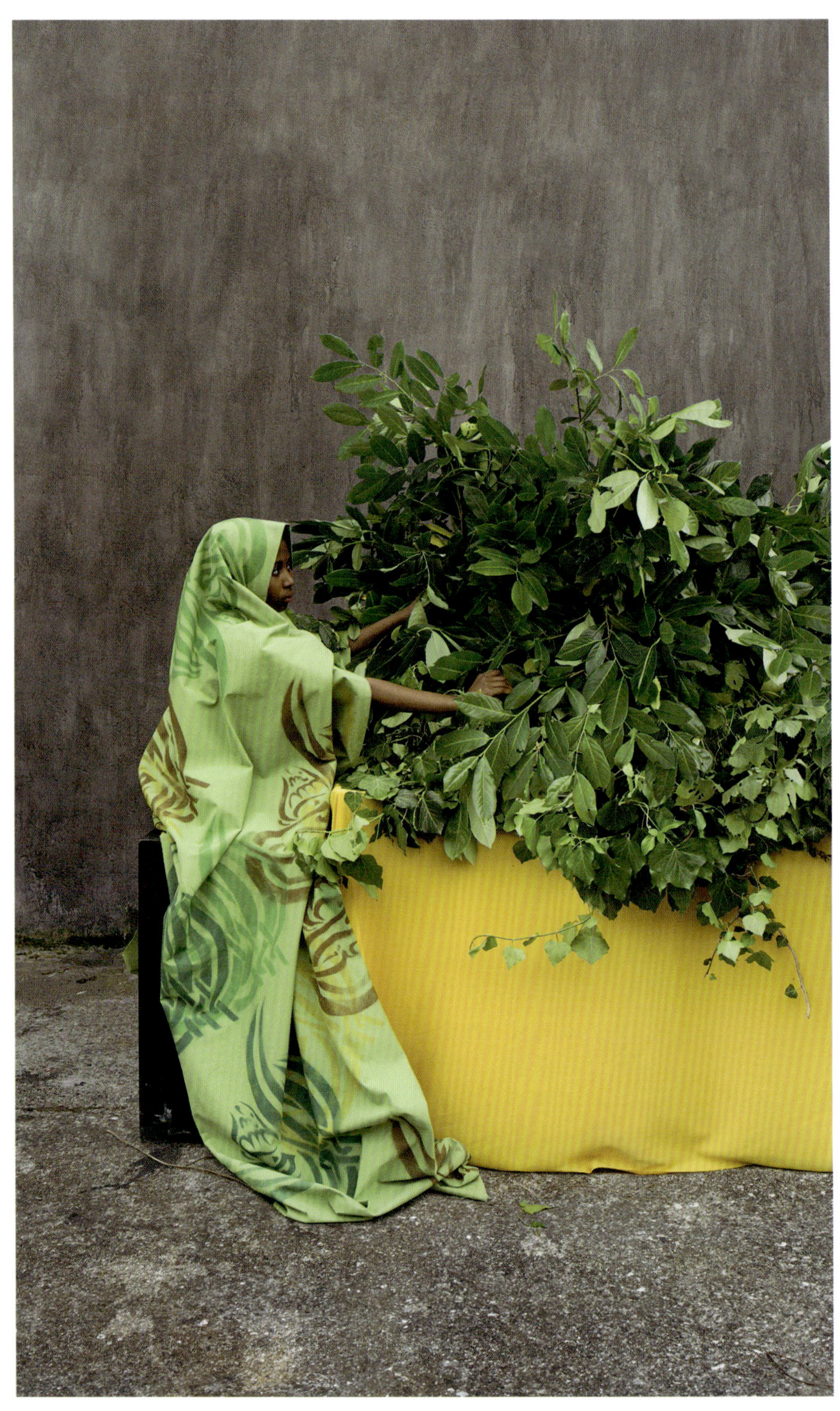

I Would Like to Know You, 2016
Lambda print, diptych
200 × 116, 200 × 116 cm

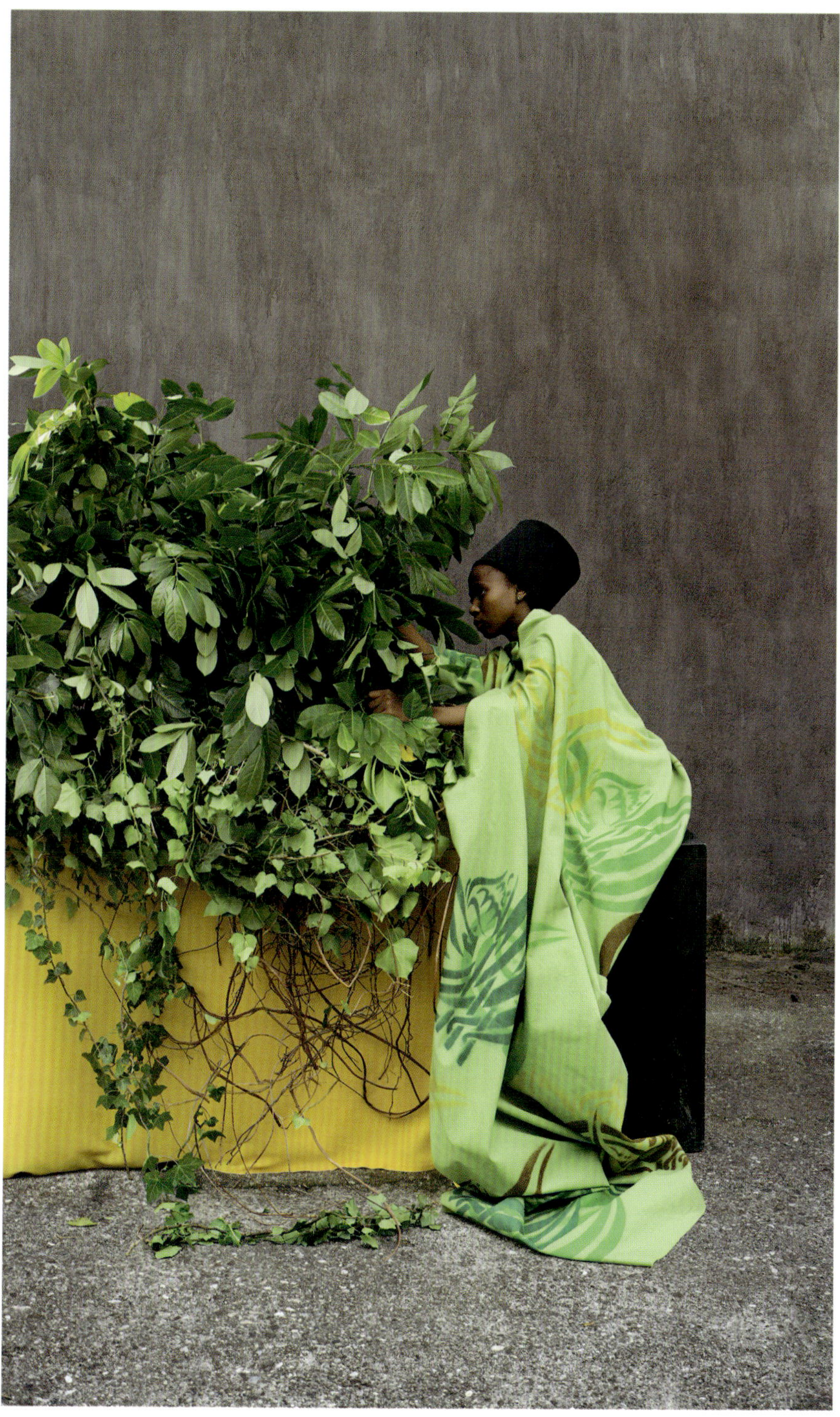

Her Private Garden, 2016
Lambda print, 200 × 125 cm

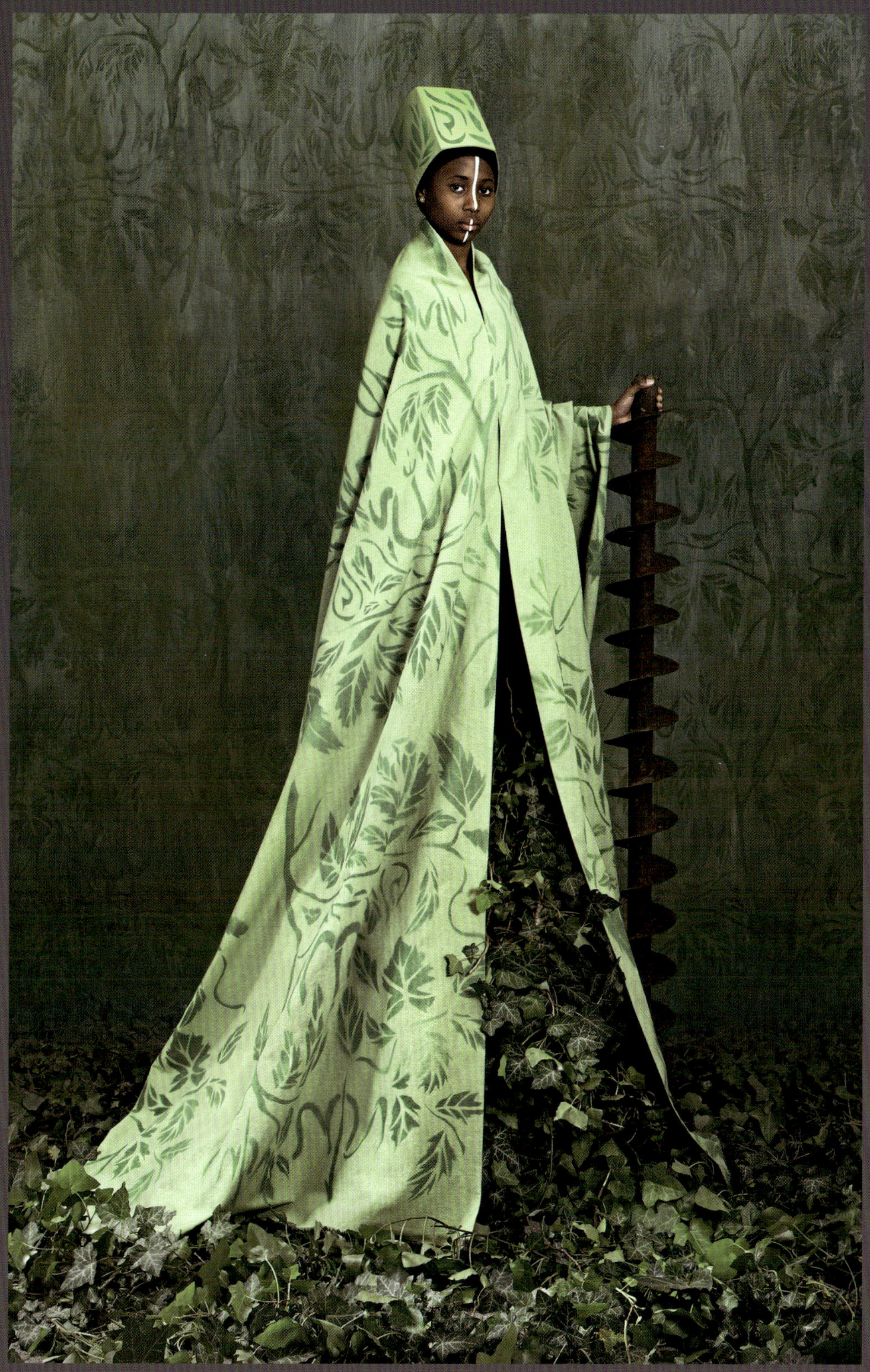

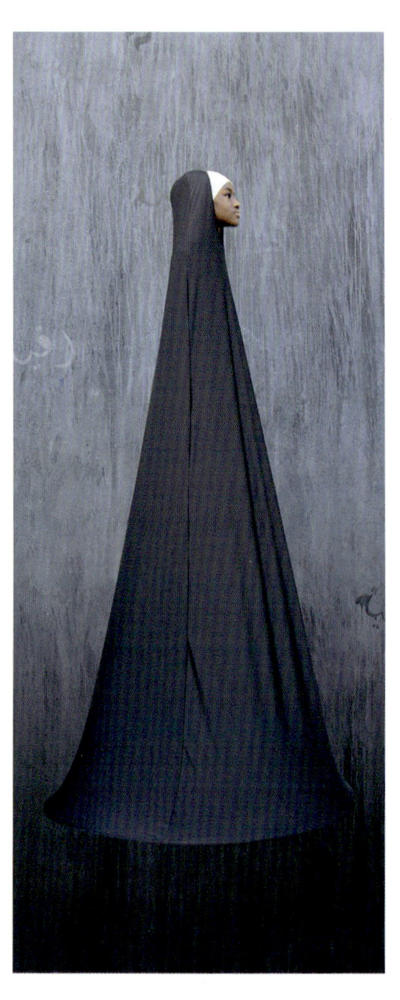

Roots, 2016
Lambda print, polyptych,
5 panels, total size size 323 x 277 cm

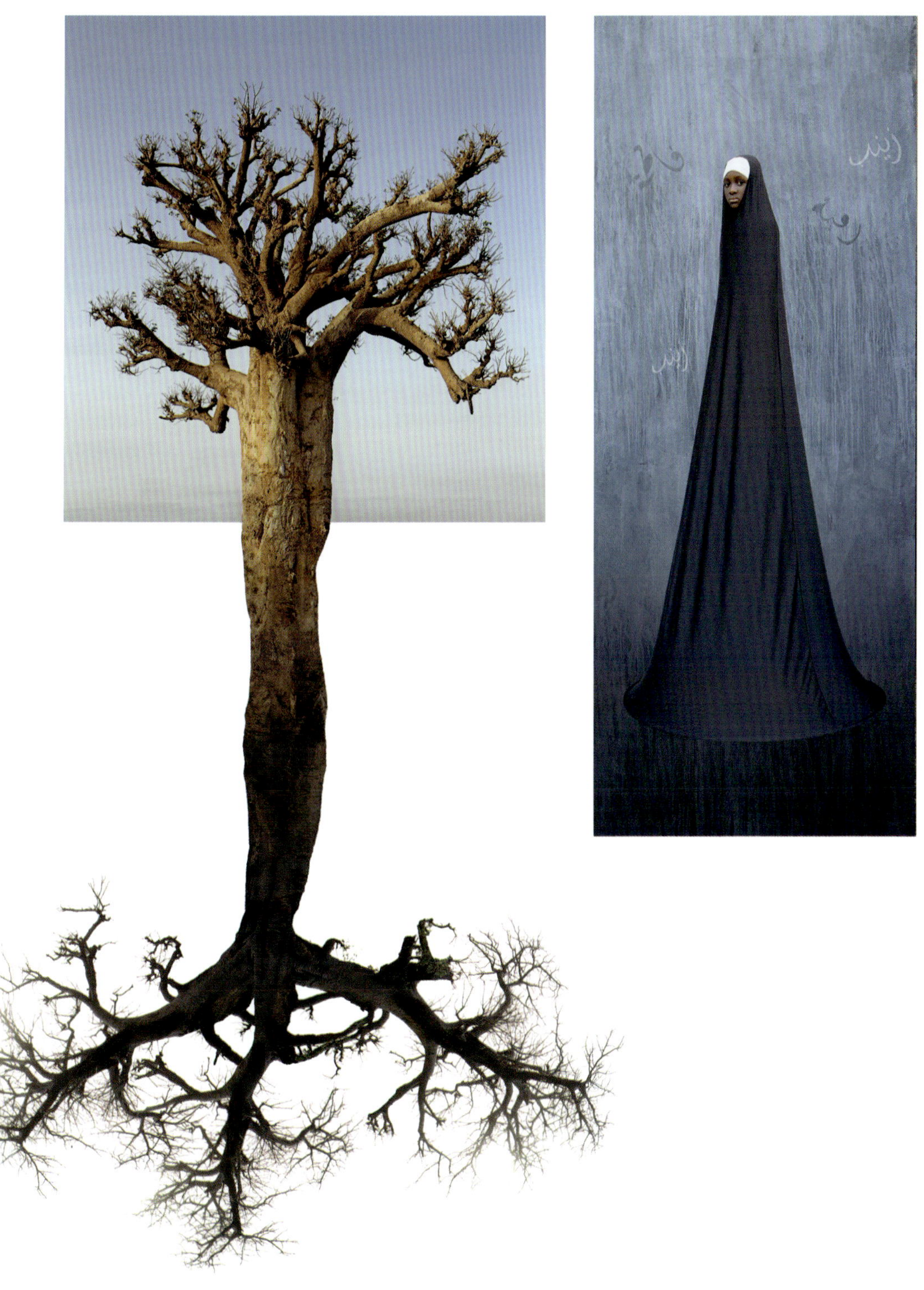

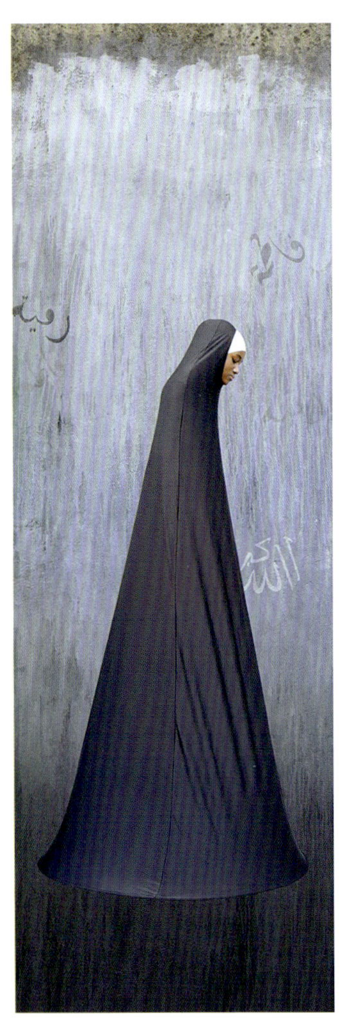

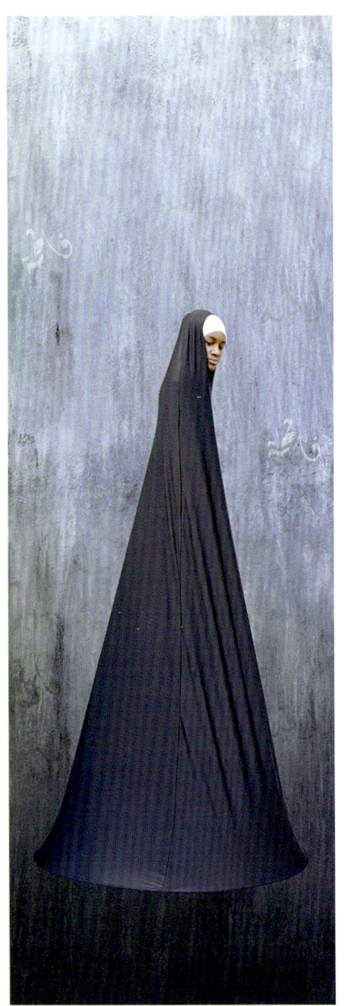

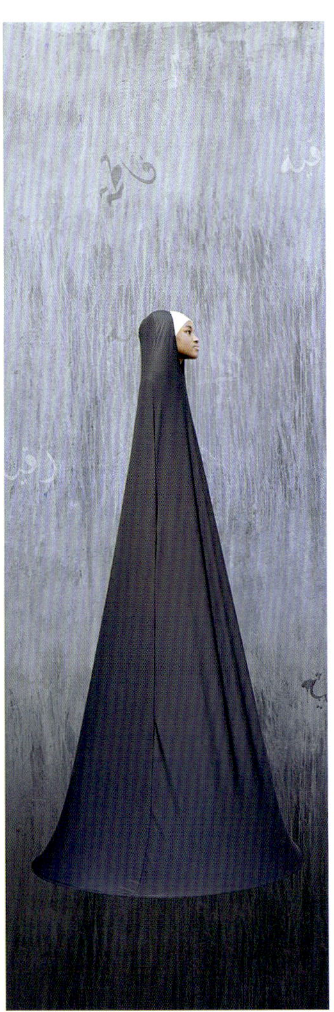

The Girls in their
Private Garden, 2016
Lambda print, polyptych,
6 panels, 200 × 64,8 cm each
panel

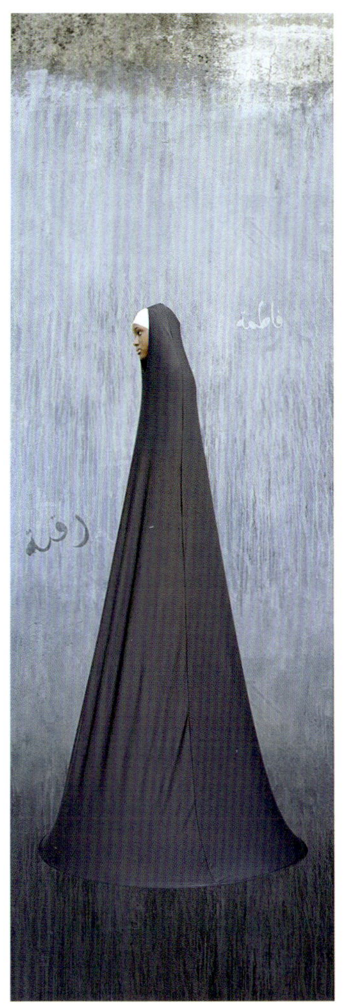
فاطمة
رقية

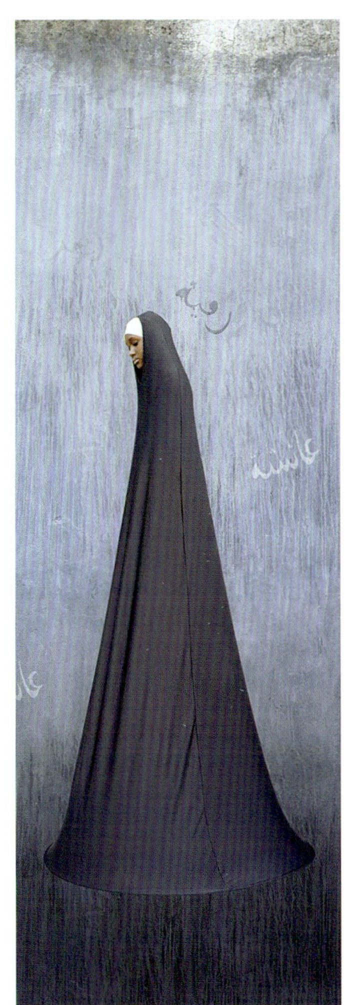
رقية
عائشة

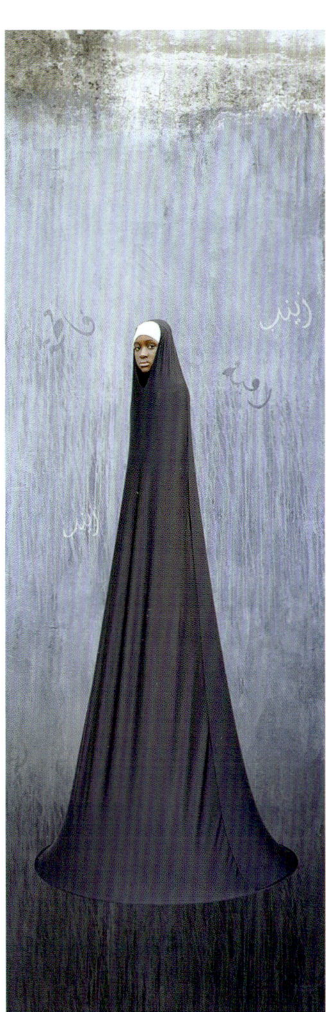
زينب
رقية
زينب

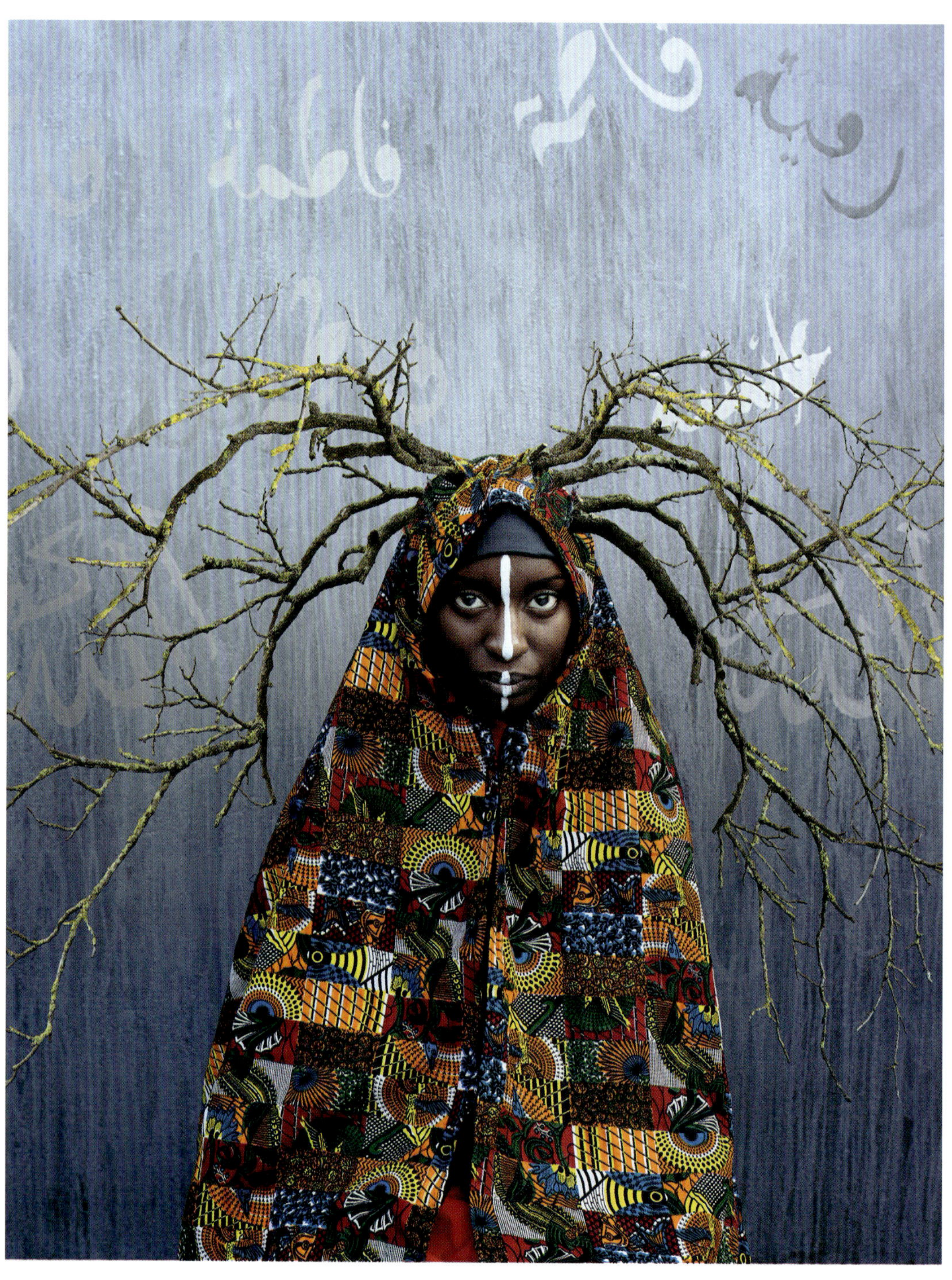

Rābi'a, 2016
Lambda print,100 × 79 cm

Queen Hathun, 2015
Lambda print, polyptyich,
10 panels, total size 323 × 182 cm

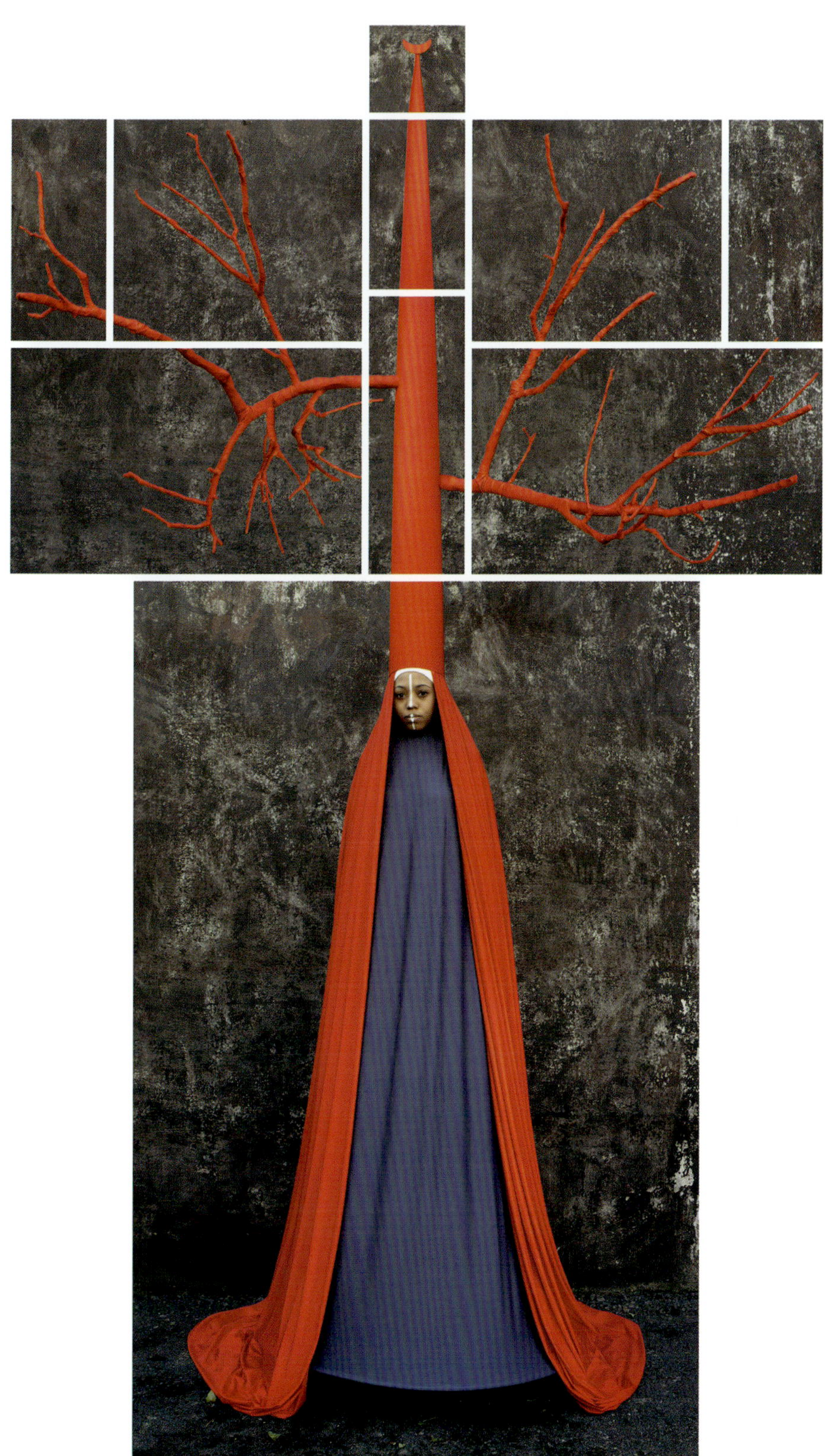

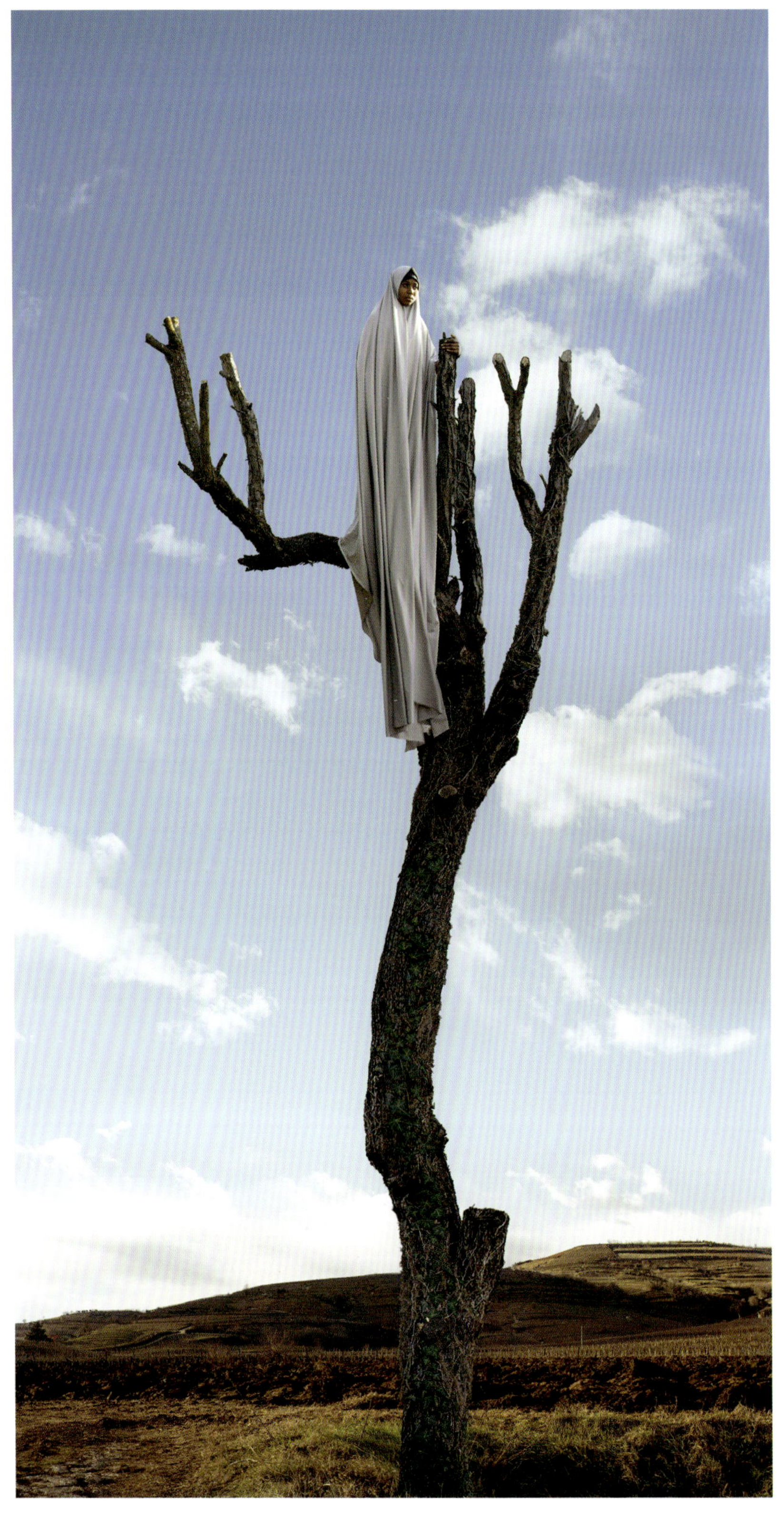

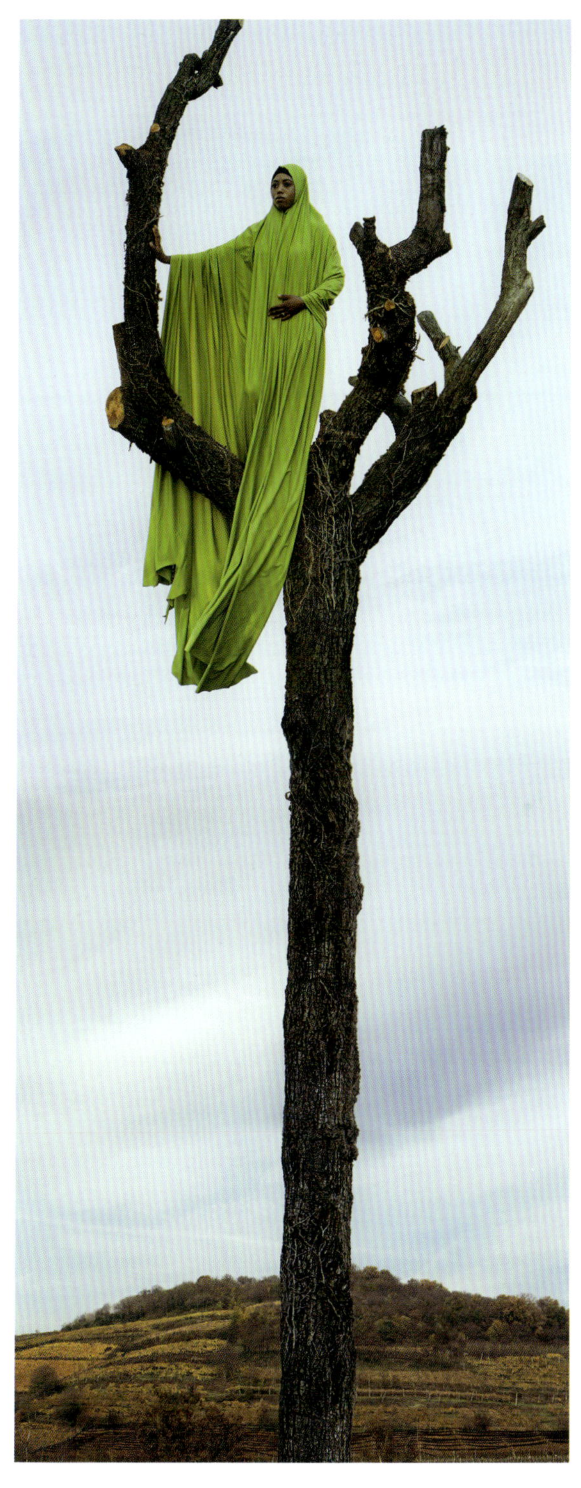

Stilita Kadigia, 2017
Lambda print, 200 × 100 cm

Stilita Nadia, 2017
Lambda print, 200 × 100 cm

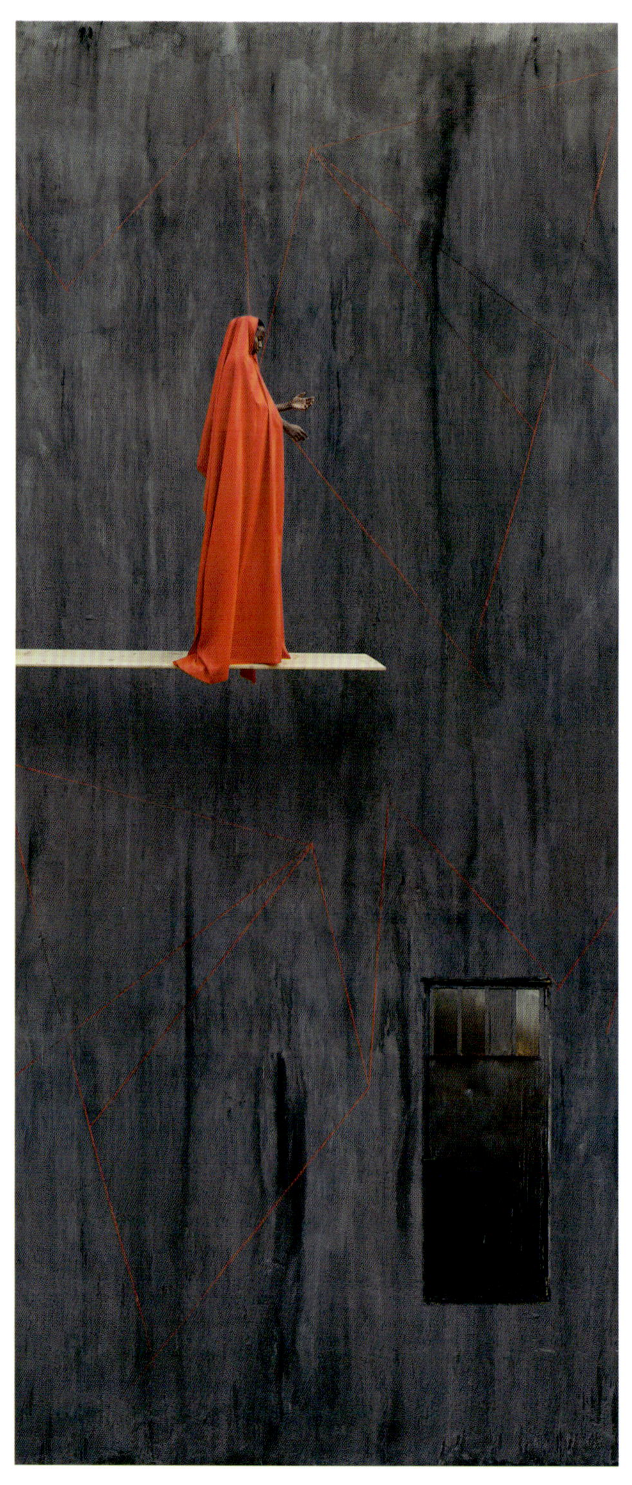

Red Trampoline, 2016
Lambda print, 200 × 82,52 cm

High Window, 2016
Lambda print, 200 × 54 cm

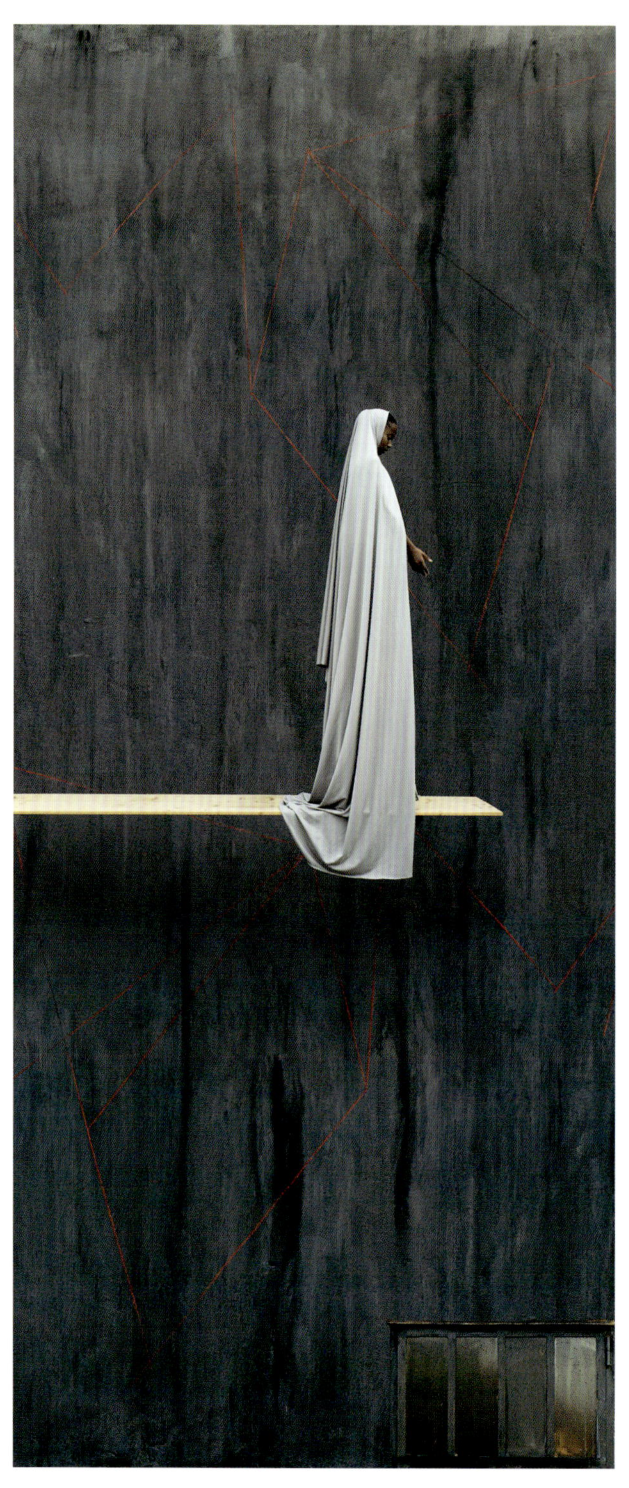

Grey Trampoline, 2016
Lambda print, 200 × 82,52 cm

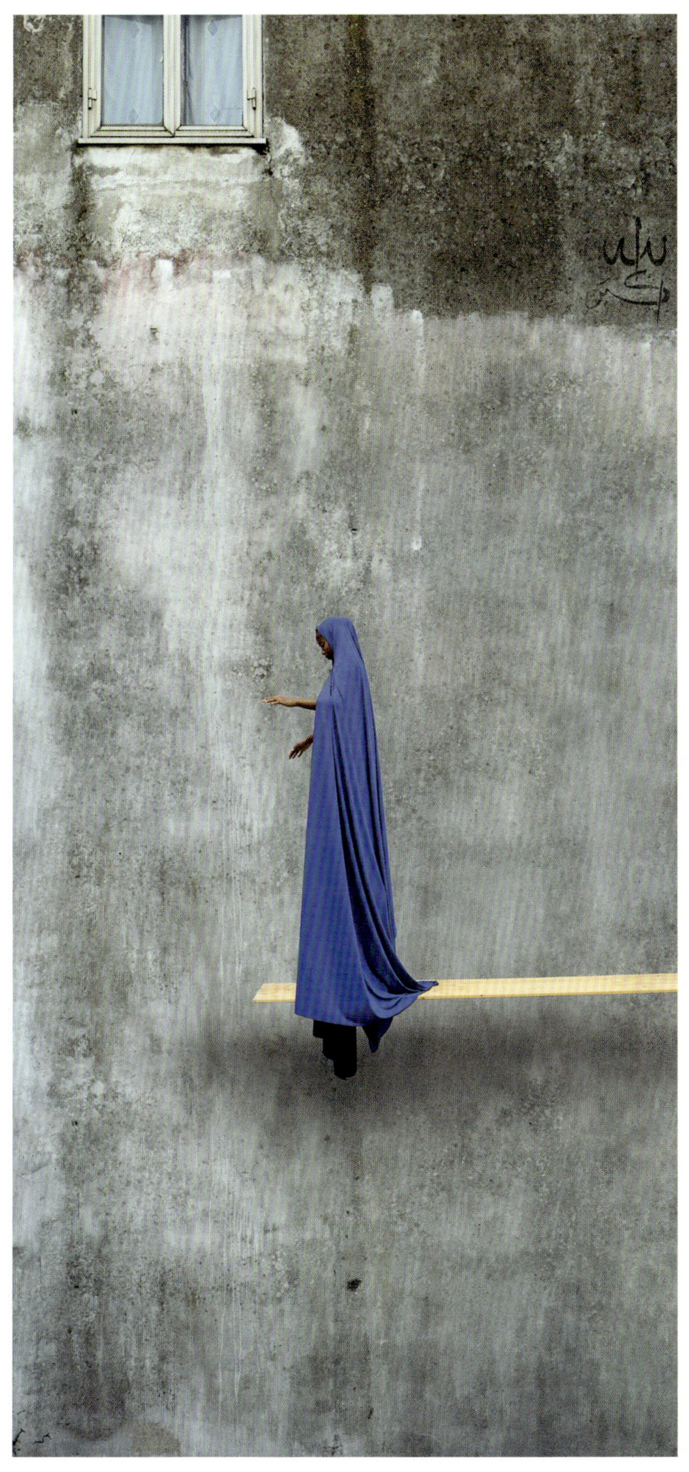

Blue Trampoline, 2016
Lambda print, 200 × 90,83 cm

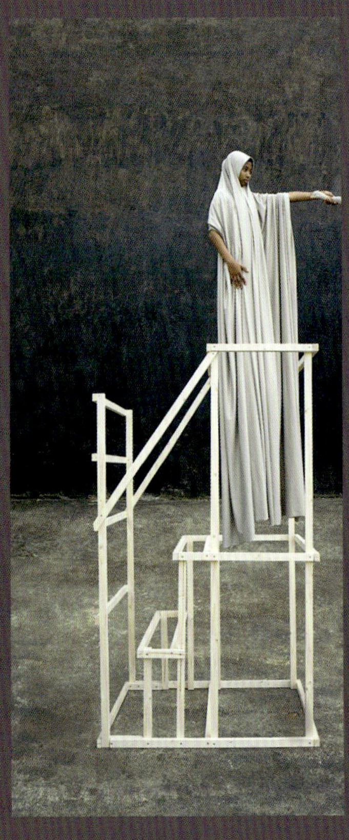

M.K., 2016
Lambda print, polyptych, 100 × 209 cm

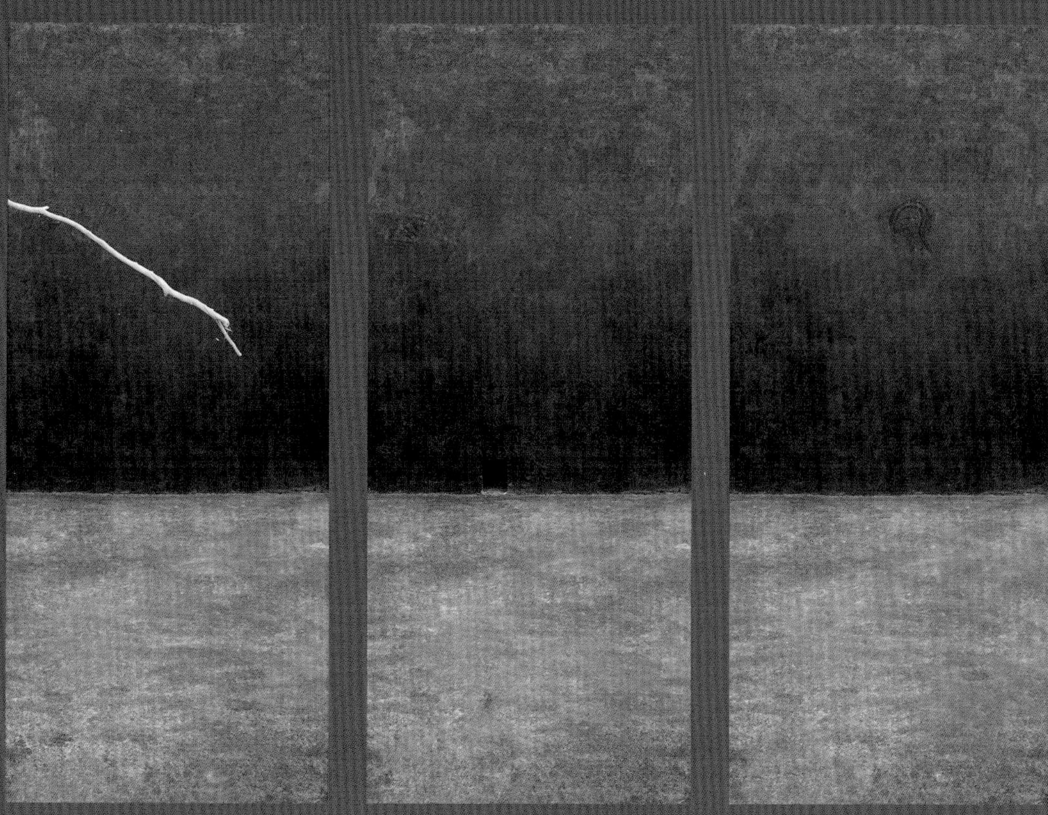

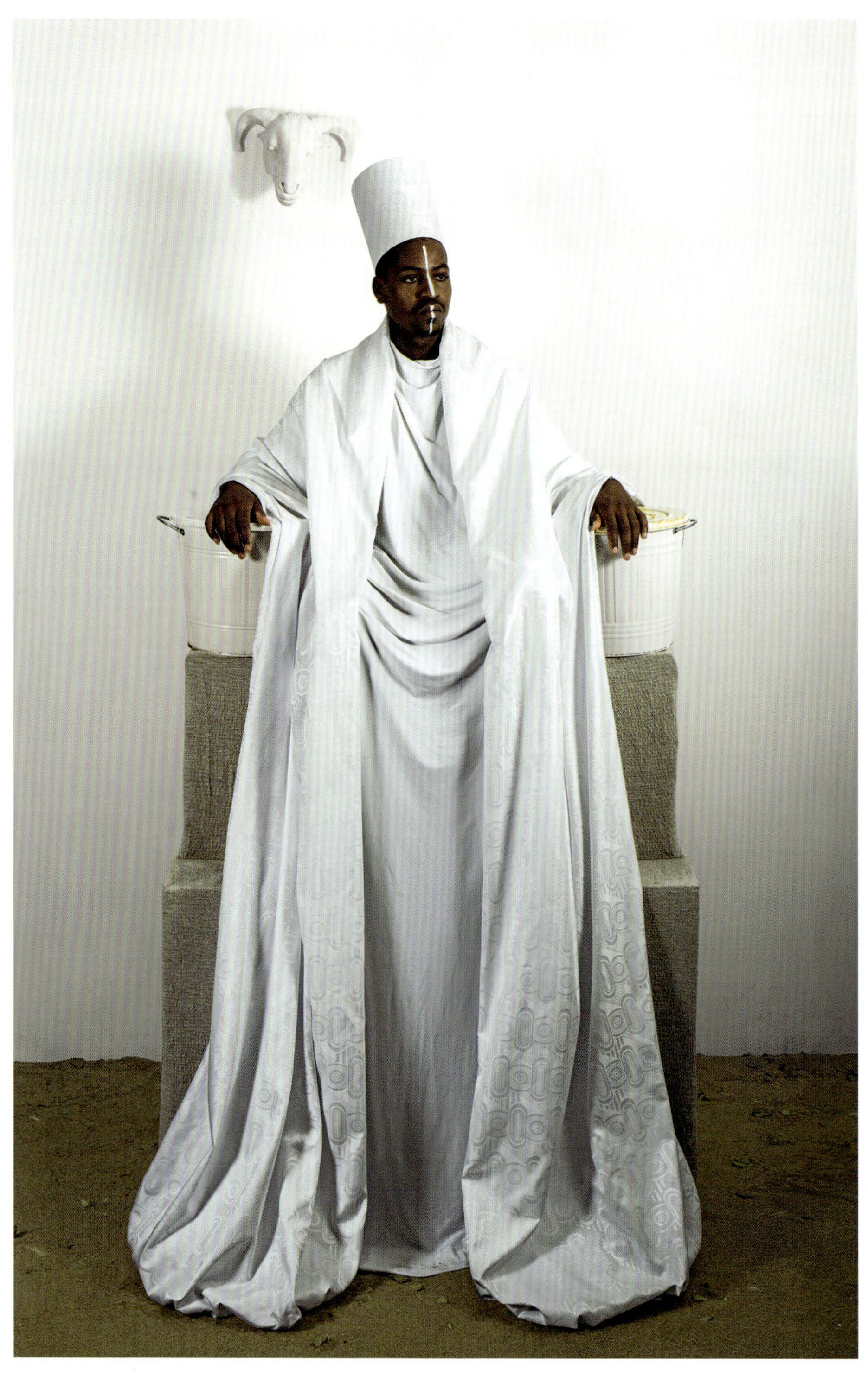

Throne in White, 2016
Lambda print, 200 × 125 cm

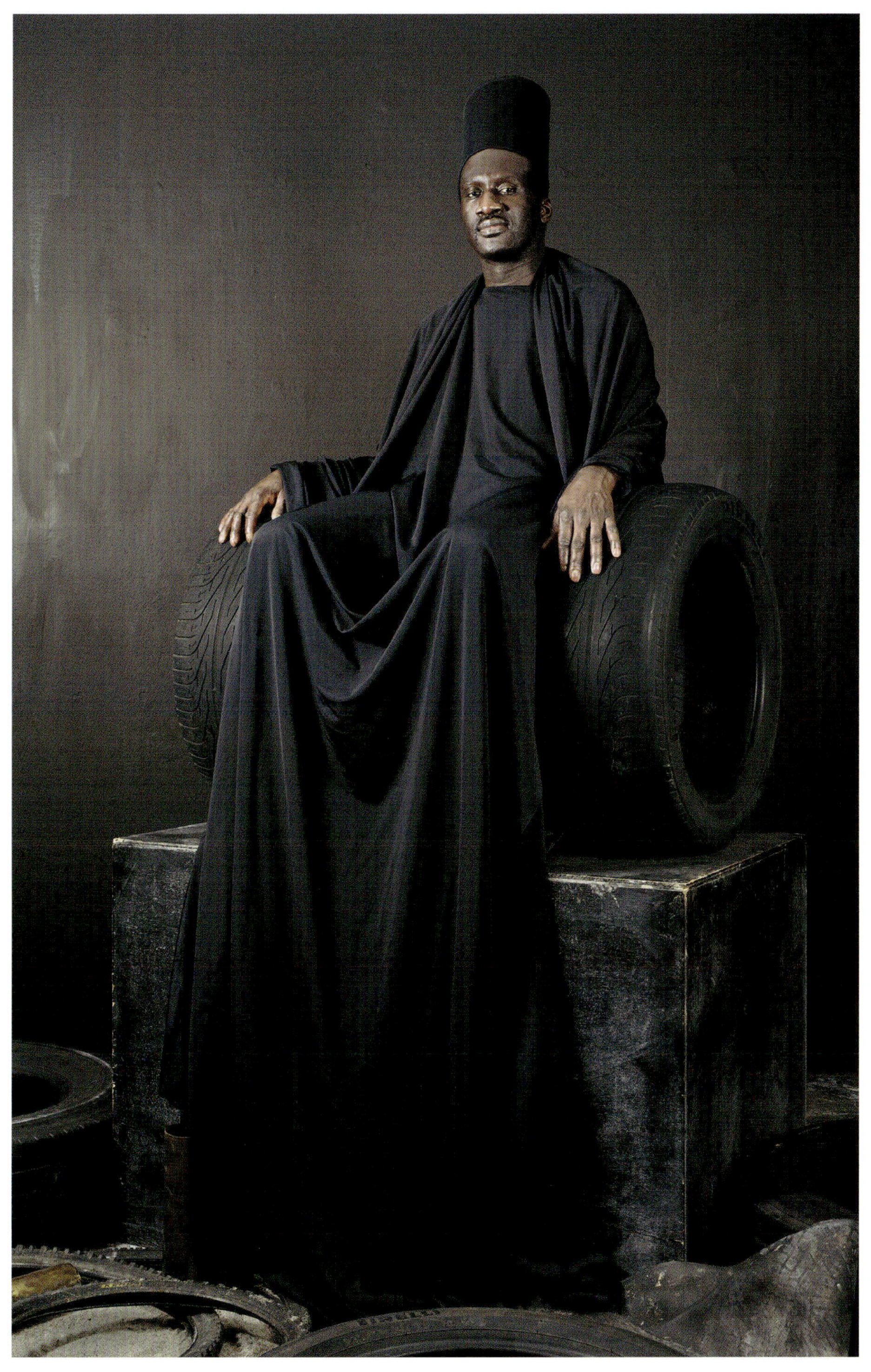

Throne in Black, 2016
Lambda print, 200 × 125 cm

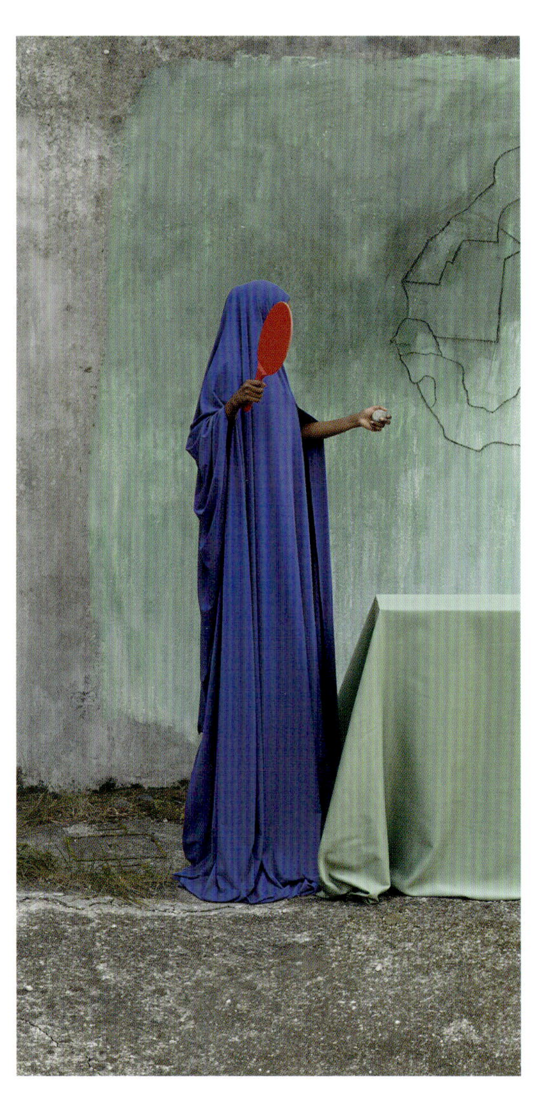

Ping pong Playing, 2018
Lambda print, triptych,
200 × 102, 200 × 86, 200 × 102 cm

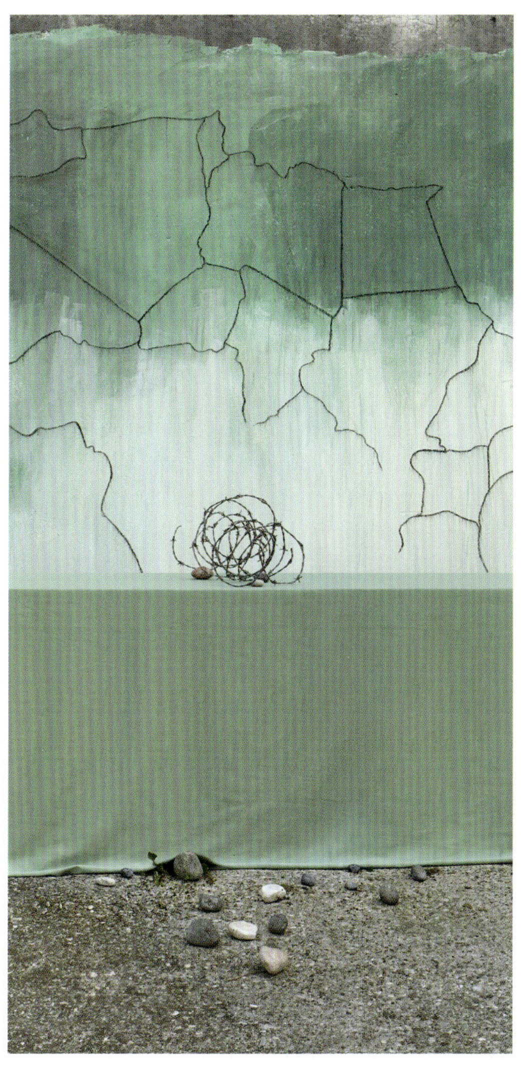

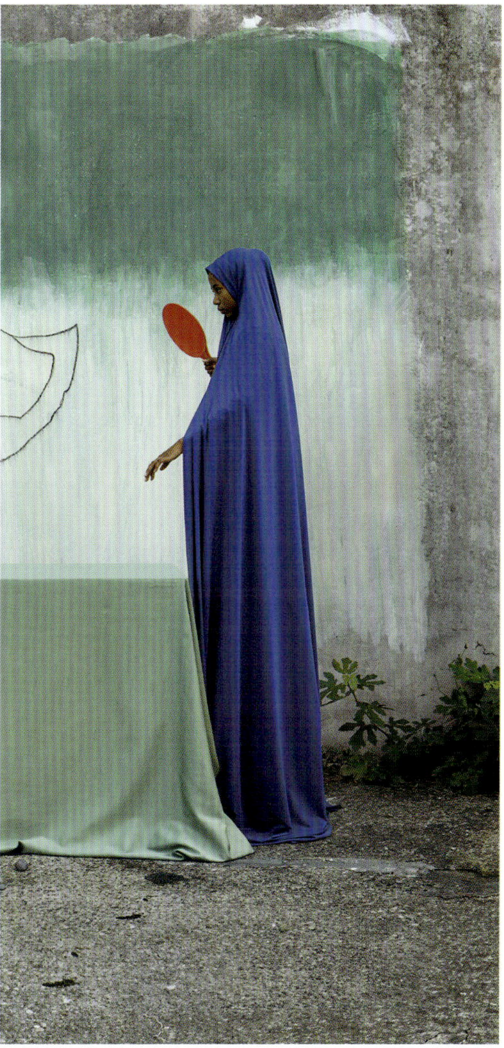

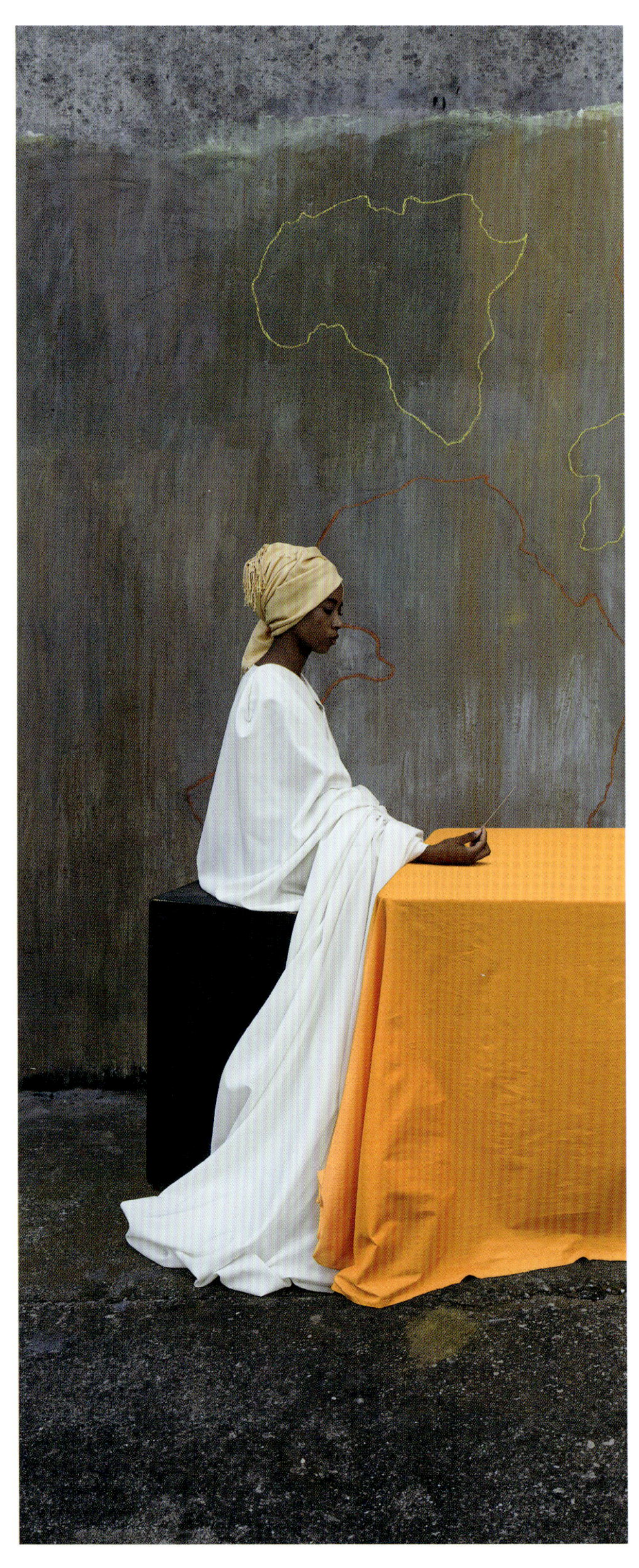

The Needle, 2018
Lambda print, diptych,
200 × 80,33, 200 × 80,33 cm

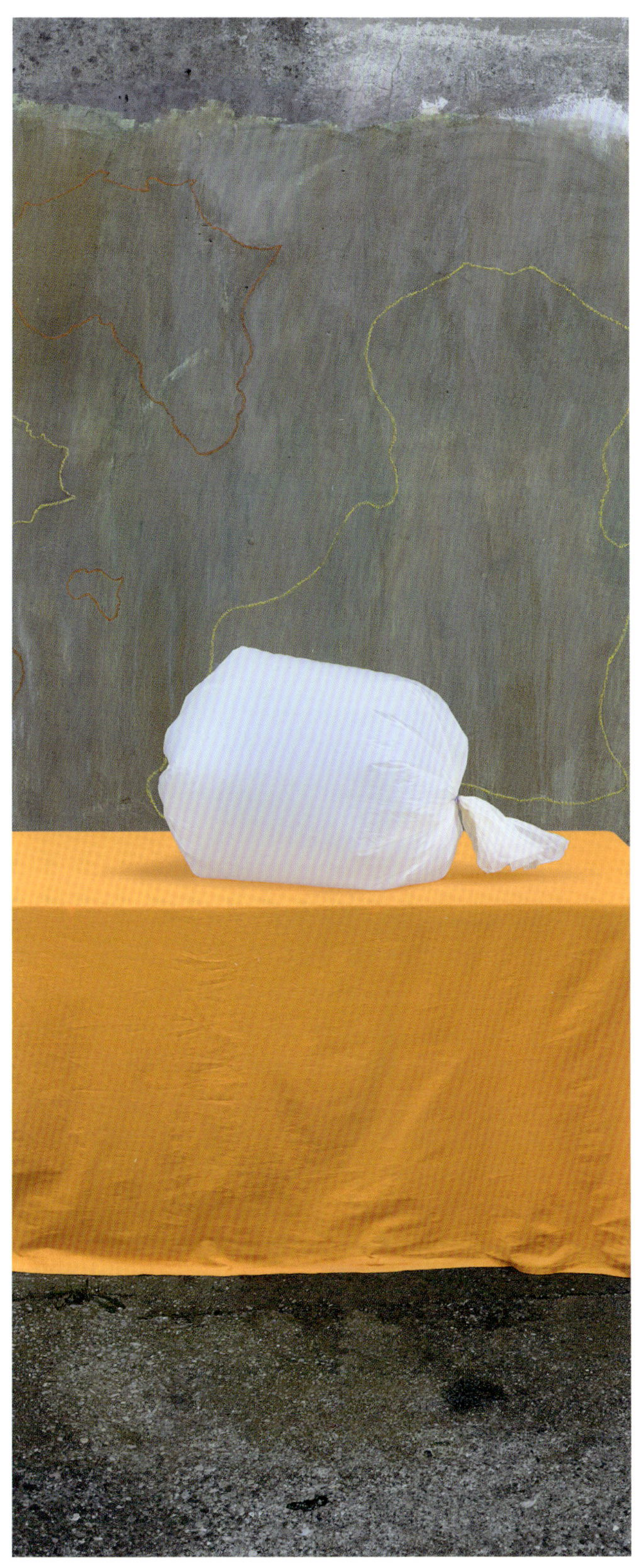

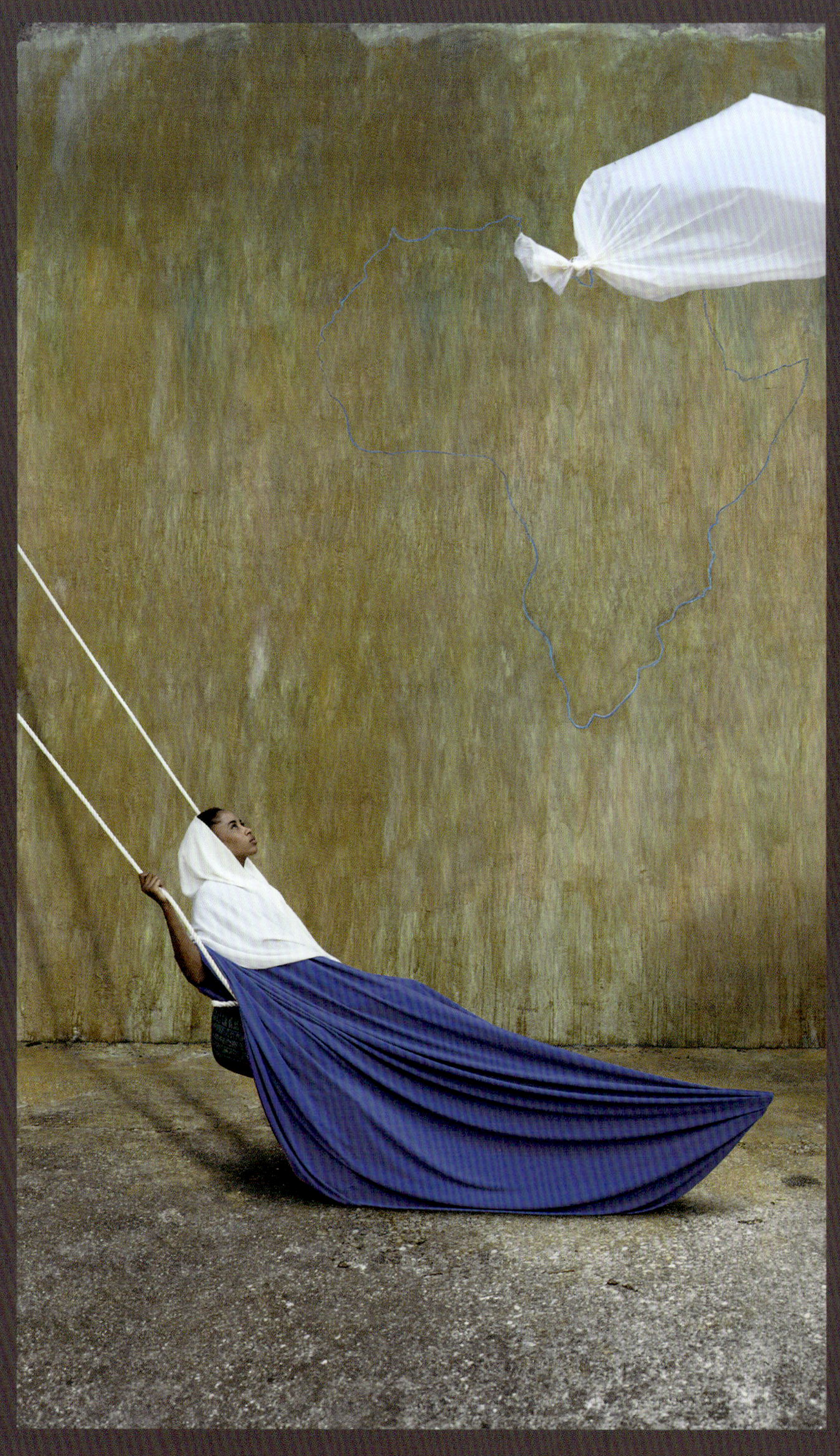

Swing, 2018
Lambda print, diptych, 200 × 114, 200 × 114 cm

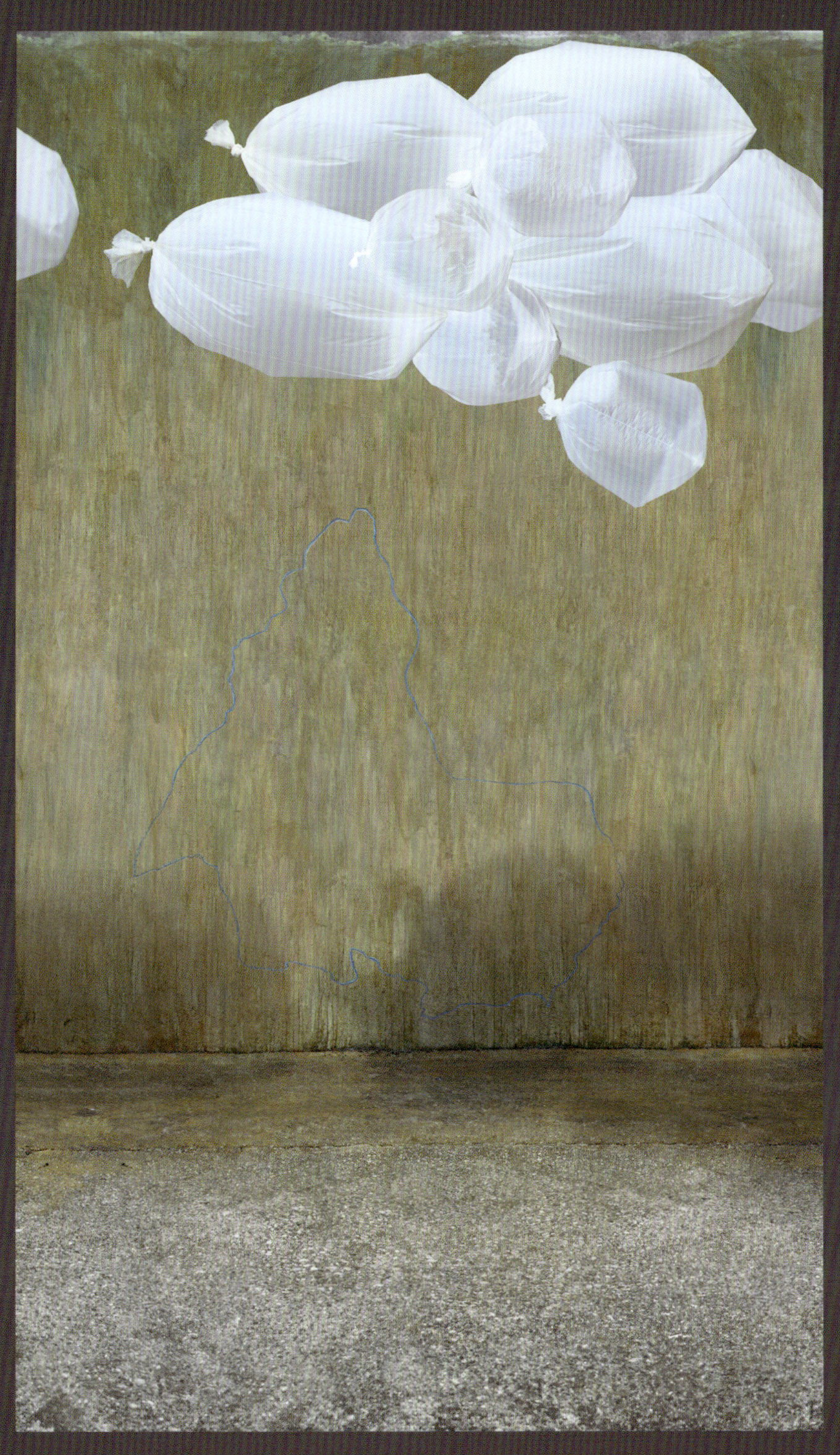

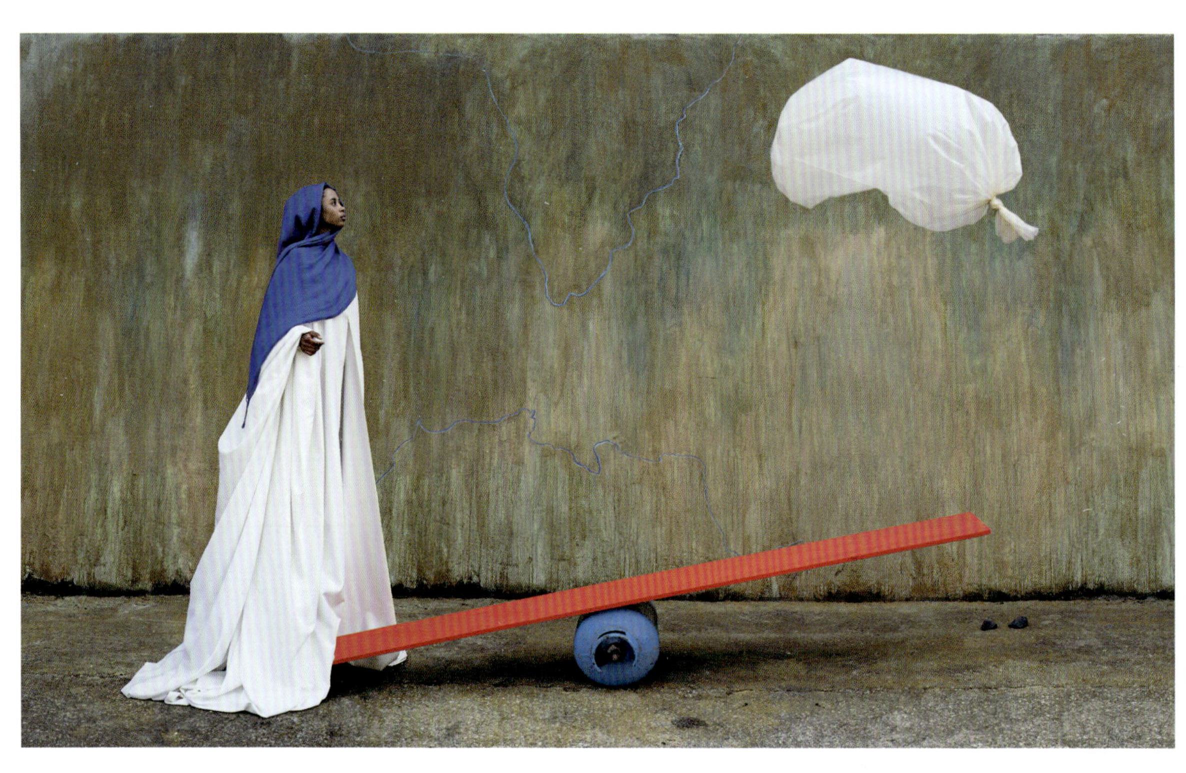

Red Balance, 2018
Lambda print, 125 × 200 cm

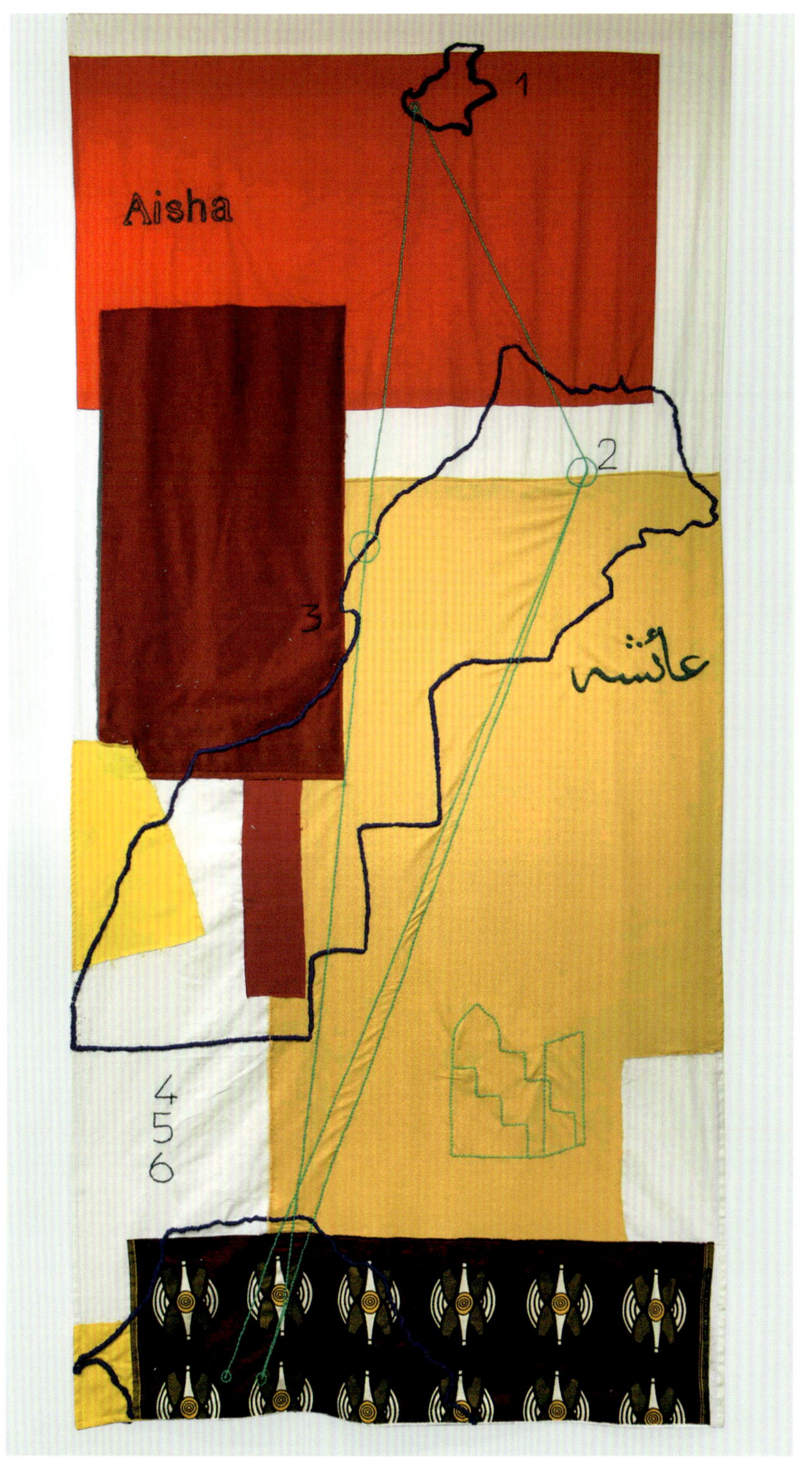

Unknown Map 10, 2018
different fabrics embroidered by hand, 293 × 129 cm

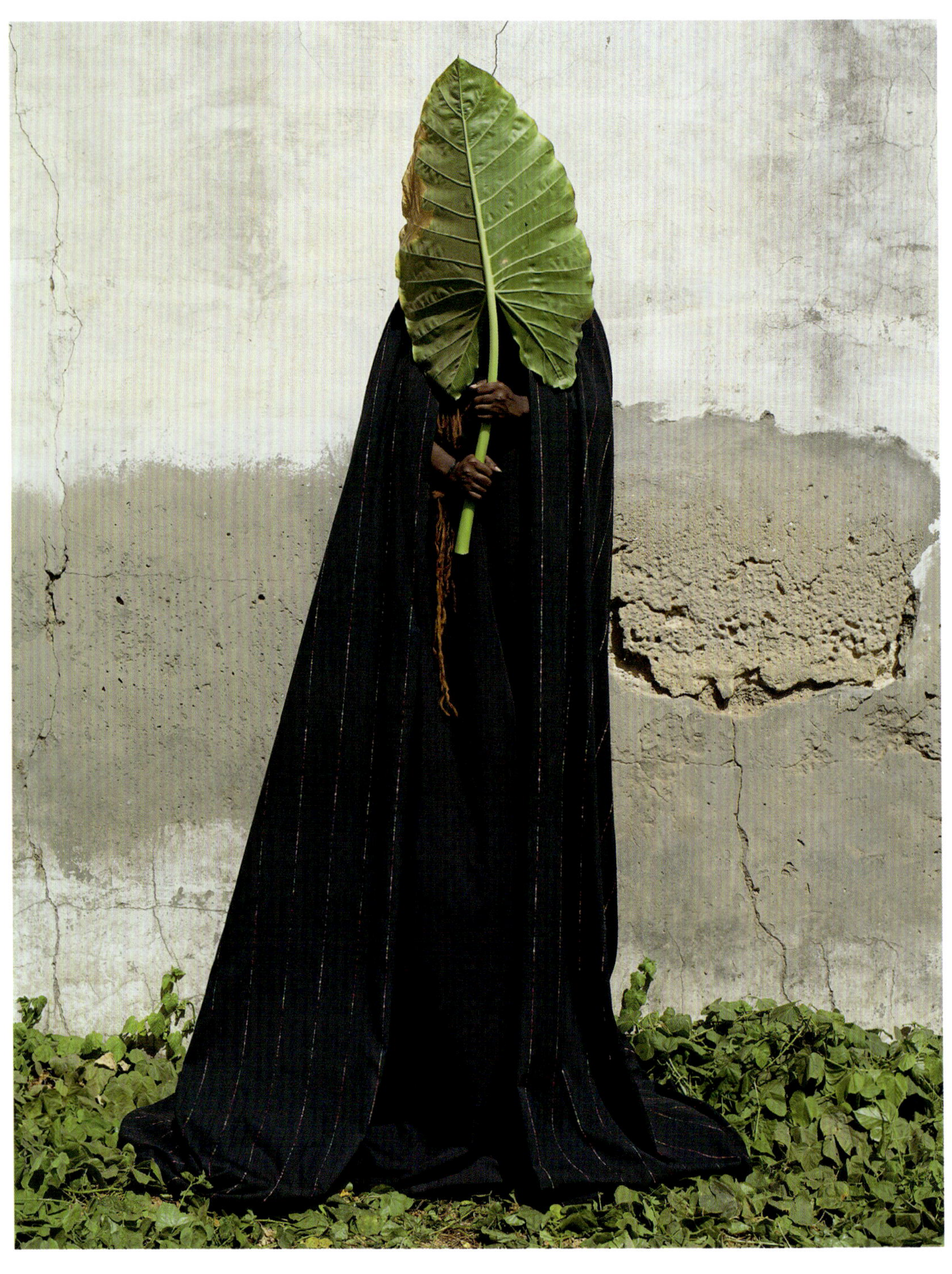

Camouflage Zero One, 2019
Lambda print, 200 × 125 cm

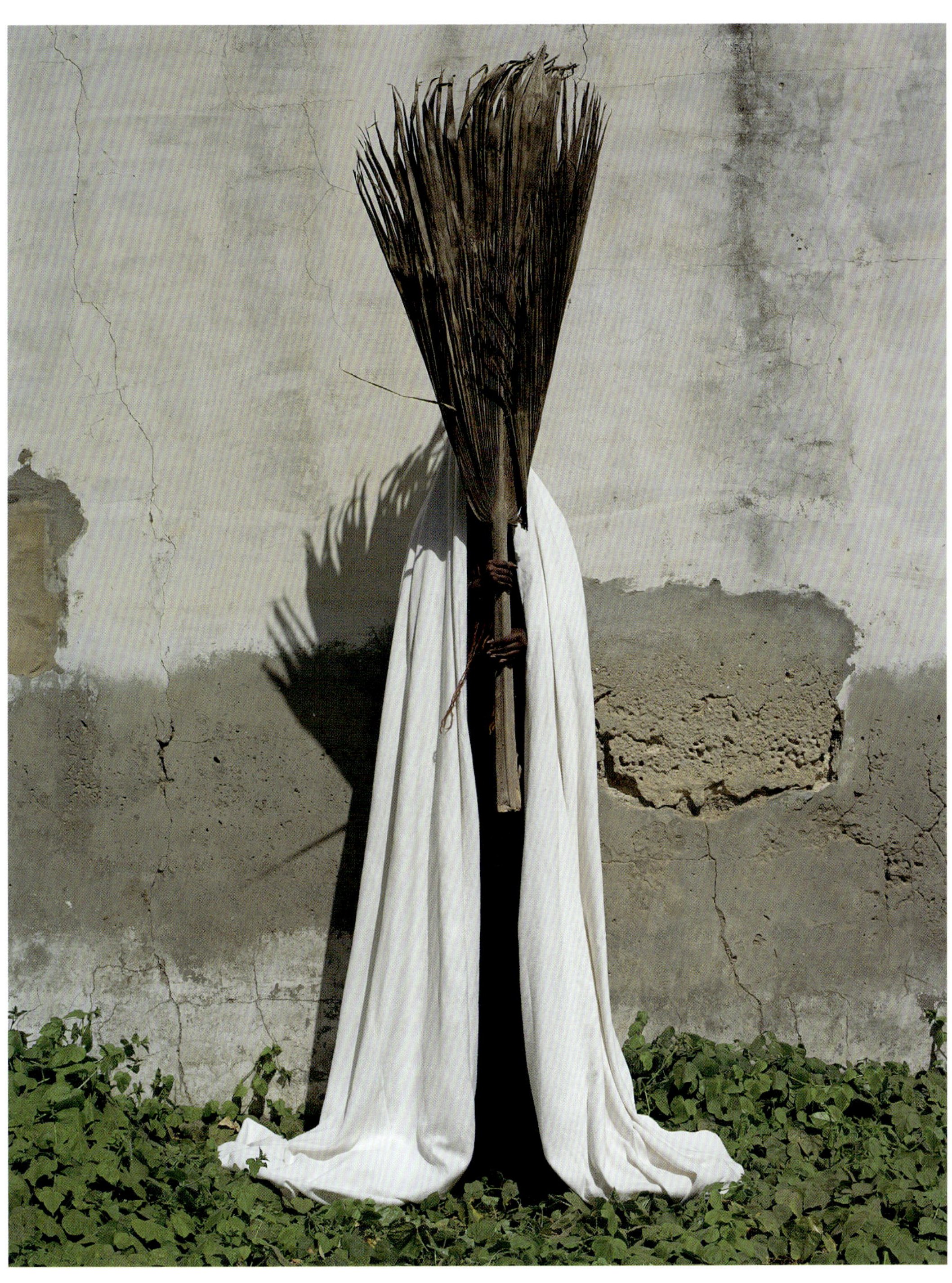

Camouflage Zero Two, 2019
Lambda print, 200 × 125 cm

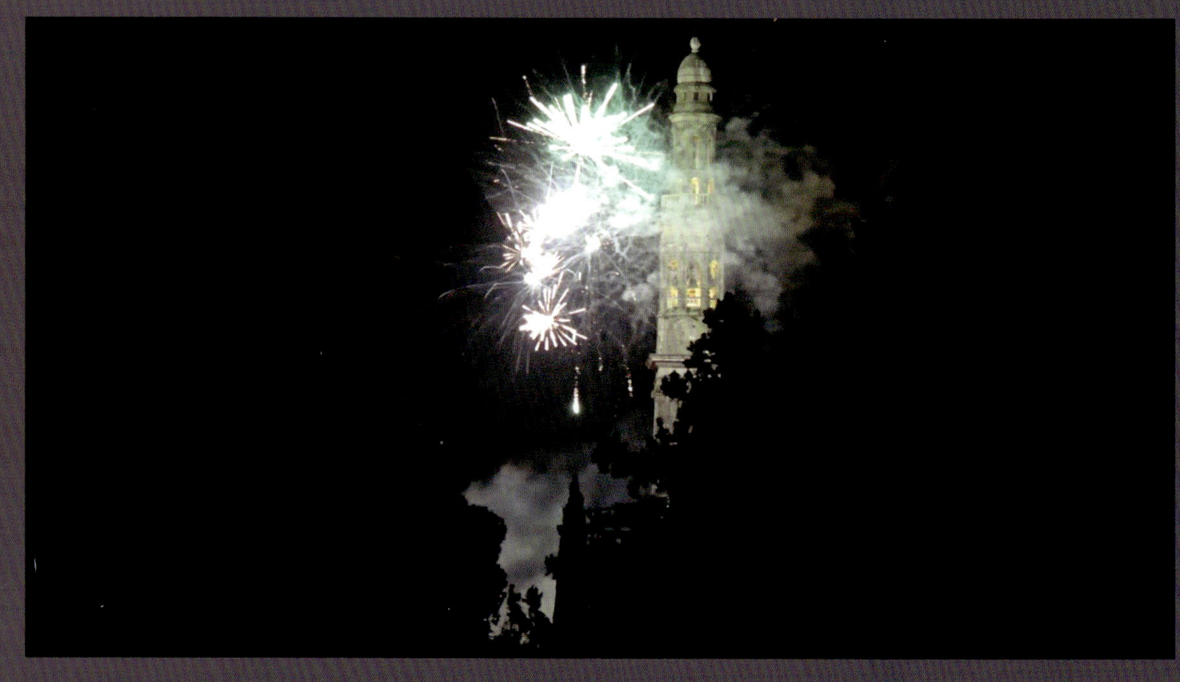

NÂR, 2016
Video still,
video duration 7:35 min.

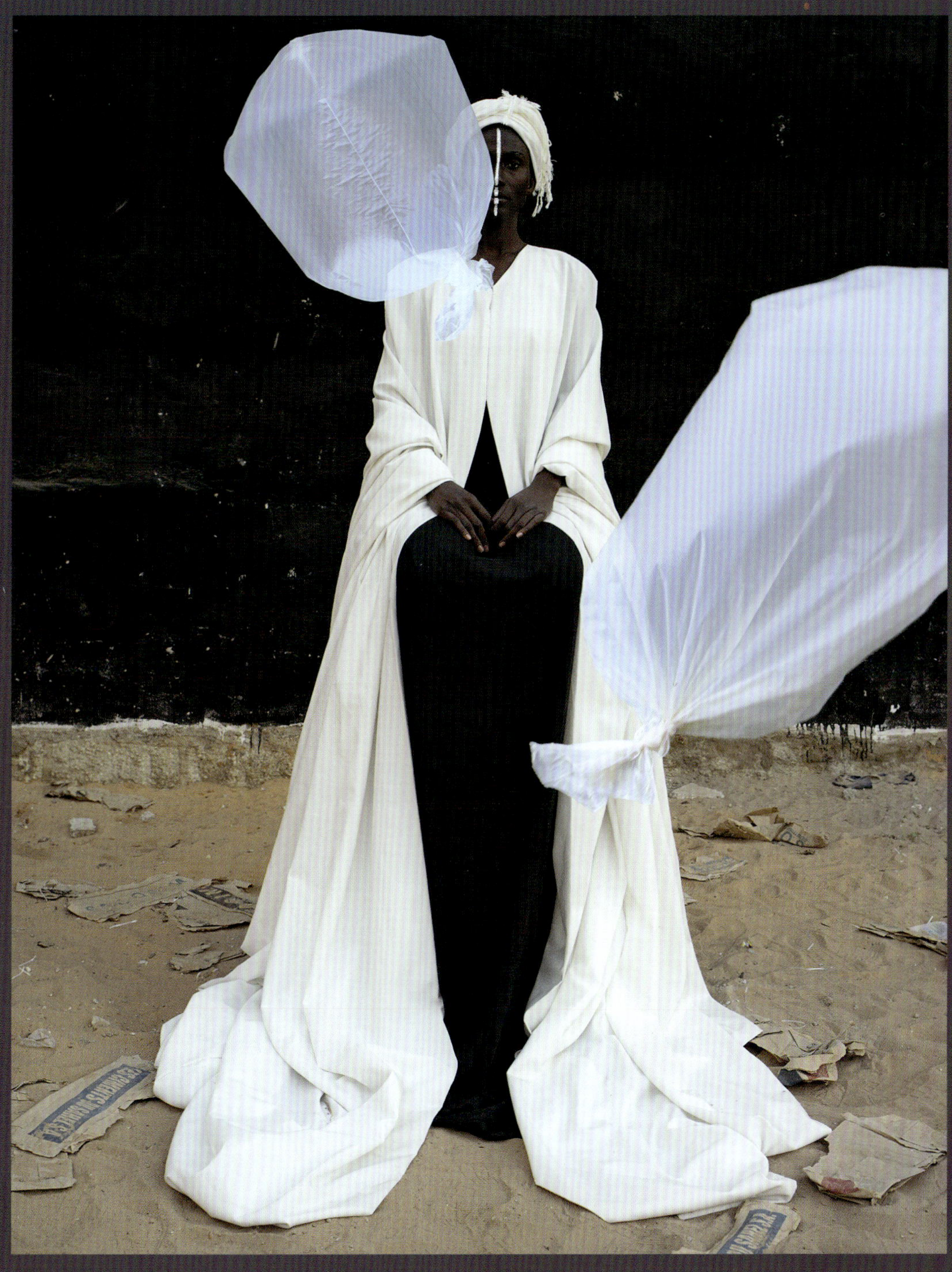

Selma, 2018
Lambda print, 200 × 125 cm

BIOGRAPHY

Maïmouna Guerresi is an Italian-Senegalese multimedia artist working with photography, sculpture, video and installation. Her work presents an intimate perspective on the spiritual ideas of human beings in relation to their inner mystical dimensions. Maïmouna's images become an appreciation of a shared humanity beyond psychological, cultural and political boundaries. The hybrid embrace of her work towards the spirituality and ancestry of African, Asian and European cultures mirrors her own embrace of globalisation in art and life. Recurring metaphors – milk, light, the hijab, trees and contrasting black and white – create an awareness of the vital unifying qualities of Islamic spirituality. The figures and scenes presented by the artist take on a new light – that of a universal truth about community and the soul – wherein the person becomes a sacred dwelling, or a meeting place for humanity to rediscover our shared mystical body.

Maïmouna Guerresi has exhibited in prominent institutions such as the Venice Biennale at the Italian pavilion in 1982 and Documenta K18 in Kassel, Germany 1987; Mudima Foundation, Milan, Italy, 1999; Museum Rocca of Umbertide, Perugia, Italy 1999; CRL Museum Contemporary III, Atlanta, USA 2004; Museum Filatoio of Caraglio, Cuneo 2008; Les Rencontres de Bamako, National Museum of Bamako Mali 2009; Lucca Digital Photo Festival, Manifattura Tabacchi, Lucca, Italy 2009; Central Electrique, Bruxelles, Belgium 2010; KIASMA Museum of Contemporary Art, Helsinki, Finland 2011; Boghossian Foundation, Villa Empain, Bruxelles, Belgium 2011; Palazzo Ariosti Bevilacqua, Bologna, Italy 2011; National Institute of Design, Ahmedabad, India 2012; Italian Culture Center, New Delhi, India 2012.

Her work is included in private and public collections worldwide, including the Boghossian Foundation, Bruxelles, Belgium; Contemporary Art Museum Palazzo della Ragione, Verona, Italy; European Investment Bank, Luxembourg; Map Museum, Bangalore, India; M.I.A Minneapolis Institute of Art, USA; Foundation Alliances, Casablanca, Morocco; Cultural Institute of Islam, Paris, France; MACAAL, Marrakech Museum, Morocco; Paul G. Allen's Private Art Collection, Seattle, WA, USA; Smithsonian National Museum of African Art, WA, DC, USA; LACMA Museum, Los Angeles, USA; Smithsonian National Museum of African Art, WA, USA.

BIOGRAFÍA

Maïmouna Guerresi és una artista multimèdia que treballa amb fotografia, escultura, vídeo i instal·lacions. En la seva obra l'italo-senegalesa presenta una perspectiva íntima sobre les idees espirituals dels éssers humans en relació amb la seva dimensió mística interior. Les imatges de Guerresi es converteixen en una apreciació de la humanitat compartida més enllà dels límits de la natura psicològica, cultural i política. Amb una abraçada híbrida que comprèn el llinatge de les cultures d'Àfrica, Àsia i Europa, el treball de Maïmouna és un reflex de la seva acceptació de la globalització present tant a la vida com a l'art. Metàfores recurrents com ara la llet, la llum, l'hijab, els arbres i el contrast entre blanc i negre, susciten la consciència de les qualitats vitals unificadores de l'espiritualitat islàmica. Les figures i escenes que proposa l'artista prenen una nova llum, la d'una veritat universal sobre la comunitat i l'ànima, i l'individu es converteix en una casa sagrada o un lloc de trobada on la humanitat pugui redescobrir el cos místic compartit.

Maïmouna Guerresi ha exposat en importants institucions com la Biennal de Venècia al pavelló italià l'any 1982 i la Documenta K18 a Kassel, Alemanya 1987; Fondazione Mudima, Milà, Itàlia, 1999; Museo Rocca di Umbertide, Perugia, Itàlia 1999; Museum Contemporary III, Atlanta, USA_2004; Museo del Filatoio di Caraglio, Cuneo 2008; Les Rencontres de Bamako, National Museum de Bamako, Mali 2009; Lucca Digital Photo Festival, Manifattura Tabacchi, Lucca, Itàlia 2009; Central Electrique, Brussel·les, Bèlgica 2010; KIASMA Museum of Contemporary Art, Hèlsinki, Finlàndia 2011; Boghossian Foundation, Villa Empain, Brussel·les, Bèlgica 2011; Palazzo Ariosti Bevilacqua, Bolonya, Itàlia 2011; National Institute of Design, Ahmedabad, Índia 2012; Italian Culture Center, Nova Delhi, Índia 2012;

El seu treball està inclòs en col·leccions privades i públiques a tot el món, com són la Boghossian Foundation, Brussel·les, Bèlgica; Museo di Arte Contemporanea Palazzo della Regione, Verona, Itàlia; European Investment Bank, Luxembourg; Map Museum, Bangalore, Índia; M.I.A Minneapolis Institute of Art, EUA; Foundation Alliances, Casablanca, Marroc; Cultural Institute of Islam, París, França; MACAAL, Marrakech Museum, Marroc; Paul G. Allen's Privat Art Collection, Seattle, WA, USA; Smithsonian National Museum of African Art, WA, DC, USA. LACMA Museum, Los Angeles, USA.

Among her recent solo and group exhibitions:
/ Exposicions individuals i col·lectives més recents:

2018

(solo) *Aisha in Wonderland*, Mariane Ibrahim Gallery, Seattle. WA, USA and Project Gallery, curated by Mariane Ibrahim, Saint Louis, Missouri, USA
(group) *Mini Arte Texil*, XXVIII International exhibition of contemporary art, former church of San Francesco, Como, Italy
(group) *Re-Signification, Black Mediterranean*, Manifesta, curated by Awam Ampka, organized by New York University, Spazio ZAC, Palermo, Italy
(solo) *Minbar*, Project Agit'Art, Dakar, curated by Delphine Calmettes, 13° Biennal Off Dakar, Dakar, Senegal
(group) *Al Musiqa*, curated by Véronique Rieffel, Cité de la Musique Philharmonie de Paris, Paris, France
(group) *Africa is not Island*, curated by Jeanne Mercier, Baptiste de Ville d'Avray & Madeleine de Colnet, MACAAL museum, Marrakesh, Morocco
(group) *A Queen Within Adorned Archetypes*, curated by Sofia Hedman Martynova, NOMA Museum, New Orleans, USA
(solo) *Solo*, section curated by Nontobeko Ntombela, Maïmouna project curated by Silvia Cirelli, Galleria Officine dell'Immagine, ICTAF, Cape Town

2017

(group) *Trésor de L'Islam en Afrique de Tombouctou à Zanzibar*, I.M.A Institute du Monde Arabe, Paris, France
(solo) *The journey of the Sparrowhawk*, curated by Manuela De Leonardis, Hafez Gallery in collaboration with the Consulate General of Italy in Jeddah, KSA

2016
(group) *Islamic Art Now, Part II: Contemporary Art from the Midle East*, LACMA Museum, Los Angeles, USA
(solo) *Sacred Dwellings*, Stux & Haller Gallery, New York, with the collaboration of Mariane Ibrahim Gallery, USA
(group) *Immaginarium: sotto il cappello*, curated by Barbara Casalaspro Museo MEF Ettore Fico, Turin, Italy
(group) *Sculture in Venaria Reale*, curated by Luca Beatrice and Studio Copernico, Venaria Reale Turin, Italy

2015
(solo) *Talwin*, Matèria Gallery, curated by Niccolò Fano, text in the catalog by Carlo Sala, Rome, Italy
(solo) *Le Souflle des Géants*, Villa Gautieri, curated by Studio Copernico, text in catalog by Rosa Falvo, Laura Serani, Casalbeltrame, Novara, Italy
(solo) *Light Bodies*, curated by Mariane Ibrahim Gallery, Volta NY, New York and Seattlle, WA, USA
(group) *Re-Signification*, curated by Awam Ampka, organized by NYU, Villa La Pietra, Museo Ettore Bardini, Florence, Italy

2014
(solo) 16° *Islamic Art Festival*, curated by Hisham Al Madhoum, Farah Qassim, Sharjah Art Museum, UAE
(solo) *Inner Constellations*, Dubai Art Fair 8th edition, Tasveer Gallery, Dubai, UAE
(solo) *M-eating*, Biennale 11° Off-Dak'Art, curated by Alessia Montani, Biscuiterie, Dakar, Senegal
(group) *Sconfinamenti #2*, curated by A. Bonito Oliva, 57th Festival of the Two Worlds, Rocca Albornoziana, Spoleto, Italy
(solo) *India Through the Lens*, curated by Tasveer Foundation, National Museum of Bahrein, Kingdom of Bahrain

2013
(solo) *Chobi Mela VII: Fragility*, International Festival of photography, curated by Shahidul Alam, Shilpakala Academy, Dhaka, Bangladesh
(solo) *Concava*, curated by Veronica Aguglia, Magda Gigliuto, F.A.R Museum, Rimini, Italy
(solo) *M-eating*, curated by Alessia Montani, Mamart, Camhane Art Center, collateral exhibition for the Istanbul Biennal, Turkey
(solo) *Mystic Black Body*, curated by Cèlin Duval, Stimultania, Pole de la Photographie, Strasbourg France
(group) *Ici, là et au-delà*, curated by Michket Krifa, Cultural Institute of Islam, Paris, France
Muslim Women's Arts & Voices, Muslima, panel discussion, curated by Samina Ali, New York, USA
The Black Body in the West, Black Portraiture, international conference, organized by Harvard University and New York University, Musée du Quai Branly, Paris, France
Arte sostantivo Femminile, Awards, National Gallery of Modern and Contemporary Art of Rome, organized by A3M, Italy
(solo) *Inner Space*, curated by Tasveer Gallery, Piramal Art Gallery Mumbai, India.

BOOKS / CATALOGUES

2019
Vision Abroad from Arabia, historical and contemporary representations of Arabia, by Mona Khazinbar, Skira, Milano.

2018
Al Musiqa, curated by Véronique Rieffel, catalog of group exhibition, èditions La Dècouverte - Citè de la Musique Philharmornie de Paris, Paris, France
Afrique is no Island, curated by Jeanne Mercier, Baptiste De Ville Avray, Madeleine de Colnet, MACAAL Museum, published by Fondation Alleance, Morocco

2017
Tresor de L'Islam en Afrique de Tiboucthou a Zanzibar, curated by Nala Aloudat, Hanna Boghanim, catalog of group exhibition, I.M.A. Institute du Monde Arabe, published by Silvana Editoriale, Cinisello Balsamo (Mi), Italy
Islam it's also our history, text by Hans Tauber, Silvia Arce Figueroa, Francine Giesse, Alberto Saviello, Schoole Mostafawy, Anna M.Schafroth Christine Brukbauer, published by Institute for Cultural Exchange, Tübingen, Germany

2016
The Journey of the Sparrow Hank & Other stories, text by Manuela De Leonardis, catalog of solo exhibition, published by Hafez Gallery, Jedda, Saudi Arabia

2015
Inner Costellations, monography, text by Rosa Falvo, Michket Krifa, Andi Potamkim, publisher by Glitterati Incorporated, NewYork, USA;
2015 *Talwin*, text by Carlo Sala, catalog of solo exhibition published by Materia Gallery, Rome, Italy;
Maimouna Guerresi, curated by Nicola Loi, text by Rosa Maria Falvo, Laura Serani, catalog of solo exhibition, published by Association Arpitesca, Casalbeltrame, Italy
Maimouna Guerresi, text by Diane Hennenbert, catalog of solo exhibition, published by Mariane Ibrahim Gallery, Seattle USA

2014
Ri-conoscere Michelangelo, curated by Monica Maffioli e Silvestra Bietoletti, Galleria dell'Accademia, published by Giunti Editore, Firenze
M-eating, curated by Alessia Montani texts by Laura Serani, Giorgia Simoncelli, Alberto Michelini, catalog of solo exhibition Camhane Museum, Istanbul, published by Skira
India Through the Lens, curated by Nathaniel Gaskell,catalog of group exhibition published by Bahrein, National Museum, Kingdom of Bahrain
16°*Islamic Art Festival*, curated by Hisham Al Madhoum, Farah Qassim, published by Sharjah Art Museum, UAE

2013
Concava, curated by Veronica Aguglia, text by Magda Gigliuto, Laura Serani, Massimo Pulini, catalog of solo exhibition, published by F.A.R Rimini Museum, Rimini, Italy

2012
Inner Space, curated by Nathaniel Gastell, catalog of solo exhibition, published by Tasveer Gallery, India

2011
Ars 11, curated by Pikko Siitari, Arja Miller, Jari-Pekka Vanhala, catalog of group exhibition, published by Kiasma Museum, Helsinki, Finland
Il Poema del Mantello, curated by Eli Sassoli, Paola Colombari, catalog of solo exhibition Palazzo Bevilacqu Bologna, Italy, published by Adriano Parise editore
Pudeur et Coler de Femmes, curated by Diane Hennenbert, catalog of group exhibition, published by Fondation Boghossian, Villa Empain, Bruxelles, Belgium

2009
Ahwal, curated by Valerio Tazzetti , text by Nicola Angerame, Gabriele-Mandel Khan, catalog of solo exhibition, Photo&Contemporary, Torino
Teatri possili, curated by Andrea Busto, catalog of group exhibition, pubblished by Silvana Editoriale, Cinisello Balsamo, Palazzo Ferrero, Biella, Italy

2008
Il Velo, curated by Andrea Busto, catalog of group exhibition, pubblished by Silvana Editoriale, il Filatoio di Caraglio, Cuneo

2006
The Mystic Body, monography, texts by F. Alfano Miglietti, M. Grazia Torri, R. D. Smulian, L. Kurzner, T. Trini L. Clerici, A. Schwarz, A. Bonito Oliva, Maïmouna, Rabi'ah al Awiyyah, Prearo Editoe, Milan, Italy

1999
Maïmouna, curated by Enrico Mascelloni, text by Sarenco, Enrico Mascelloni, Giorgio Bonomi, Klaus Wolbert, catalog of solo exhibition Mudima Foundation, Milan, Italy, published by Adriano Parise Editore

LES BERNARDES: LA CASA DELLA CULTURA NEL GIRONESE

La Casa della Cultura Les Bernardes ha cominciato il suo viaggio nel 1983, dopo un lungo percorso pieno di vicissitudini. Non indugeremo sul passato, ma ci teniamo a riprendere l'idea di viaggio come processo di riflessione e introspezione nel presente per pensare il futuro. Nel corso di questi trentacinque anni, Les Bernardes è stata al servizio di una popolazione che ha subito molti cambiamenti, è cresciuta e si è diversificata. Persone che ancora cercano di adattarsi a un mondo globale che sta vivendo un'accelerazione estrema. È bene considerare che l'area metropolitana di Girona (in particolare Salt) ha un'alta percentuale di popolazione immigrata, di origini, religione e cultura molto diverse.
Questa realtà demografica ha messo il progetto culturale di Les Bernardes di fronte alla necessità di cercare nuove strade, strumenti di riflessione diversi e più confacenti agli abitanti delle 'città globali'. A partire dal 2015, dunque, si è voluto esplorare l'idea di margine e periferia in rapporto all'arte contemporanea e al fatto culturale in generale.
Un margine e una periferia molto aderenti alle attuali caratteristiche del nostro territorio, che attraversa un cambiamento profondo e spesso destabilizzante.
L'ambiente che ci circonda si nutre di uomini e donne che sono arrivati a destinazione al termine di un viaggio. Un tragitto sicuramente doloroso, forzato e pieno di sogni e speranze.
Un cammino che ha setacciato paesi e città senza evitare le difficoltà e i problemi che possono esserne conseguiti. Ma come ha detto Mark Twain: "Il viaggio è fatale al pregiudizio, al bigottismo e alla ristrettezza mentale". E la missione di Les Bernardes è proprio quella di rompere, spaccare, fare a pezzi i preconcetti, le idee precostituite, per un modo nuovo di vedere il mondo, più dinamico e più libero.
Cominciamo ora una nuova avventura con l'artista Maïmouna Guerresi e la sua Aisha nel paese delle meraviglie, un viaggio a Girona. *E lo facciamo grazie alla generosità della Fondazione italiana Pasquale Battista, alla quale siamo profondamente grati. Un viaggio cominciato in Italia alla volta della Catalogna, per poi proseguire nel mondo.*
Non c'è modo più suggestivo di viaggiare che farlo in compagnia, camminare fianco a fianco.
Les Bernardes è un viaggio condiviso con la cultura, con le persone e con la libertà. Il nostro veicolo è l'arte e la destinazione vogliamo deciderla insieme.
Abbiamo viaggiato, viaggiamo, vogliamo viaggiare, viaggeremo.

Robert Fàbregas i Ripoll
Direttore della Casa della Cultura Les Bernardes

CHI SEMINA SUONI RACCOGLIE SENSO

Se è vero che l'identità è metamorfosi e mutevoli sono i paesaggi che ne illustrano i balzi, le soste, le fratture e i rammendi, se è vero altresì che la rivendicazione del sé si rende possibile esclusivamente attraverso il riconoscimento dell'alterità, è altrettanto veritiero affermare che in nome dell'"identità" si sono disputati i più sanguinari conflitti sociali e privati, di natura storica e intima al contempo. L'affermazione del sé psichico, politico, simbolico si è spesso imposta in termini di esclusione, cannibalizzazione o colonizzazione dell'"altro", se non addirittura di definizione stessa della diversità intesa come complemento o puntello a sostegno del soggetto nella sua posizione egemone e di potere. Seppur molte soggettività storiche (donne, neri, cyborg) abbiano tentato di insorgere contro una visione fallocentrica, occidentale e antropizzata dell'interazione sociale, esse non sempre sono state in grado di sottrarsi alla struttura dualistica "io/tu", "uomo/natura", "soggetto/oggetto" finendo a volte, amaramente, per alimentare meccanismi di assoggettamento e consumo. L'emergenza ecologica e la rivoluzione digitale, d'altro canto – processi potenzialmente sovversivi nella possibilità di ridefinire "identità" e "alterità" a favore di un'alleanza paritetica – stanno invece calcificando le istanze di reciproca esclusione.
Ed è per questo che Alice (Aisha, Nadia, Selma, Rābi'a) si mette in viaggio, precipitando in un Paese delle Meraviglie mostruoso e turbolento, riemergendo – difforme da se stessa e dalle creature incontrate – con sontuose tuniche colorate, a cavalcioni di un albero, su trampolini sospesi, le buste che si fanno nuvole, i rami che si fanno capelli. Le opere dell'artista Maïmouna Guerresi sembrano invitarci a ri-considerare la relazione (ostile, asimmetrica, ripudiante o assimilativa) tra "soggettività" e "alterità" a favore di uno scenario armonico nel quale corpi, divinità, oggetti, piante, case raccontano la possibilità di co-esistere fuori da logiche di terrore, sfruttamento e dominio.
Muovendo da questa suggestione, la Fondazione Pasquale Battista in collaborazione con la Casa della Cultura Les Bernardes di Girona, ha inteso promuovere il progetto Aisha al país de les meravelles, *attraverso la pubblicazione del presente catalogo. Coerentemente con la propria missione di concorrere a una riflessione su nuovi modelli possibili di relazione etica ed estetica, la fondazione si augura che al lettore o al visitatore*

LES BERNARDES: LA CASA DE CULTURA DEL GIRONÈS

El viaje de la Casa de Cultura Les Bernardes se inició en 1983 tras un periplo largo y lleno de vicisitudes. No nos entretendremos en recordar el pasado, pero sí en recuperar la idea de viaje como proceso para la reflexión y la introspección en el presente para poder plantear el futuro.
A lo largo de estos treinta y cinco años, Les Bernardes ha estado al servicio de una población que ha ido cambiando, ha crecido y se ha diversificado. Unas personas que intentan todavía adaptarse a un mundo global extremadamente acelerado.
Hay que tener presente que el área metropolitana de Girona (y más concretamente Salt) tiene un alto porcentaje de población inmigrada muy diferente entre sí a consecuencia de su origen, religión y cultura.
Esta realidad demográfica planteó al proyecto cultural de Les Bernardes la necesidad de buscar nuevos caminos, herramientas para la reflexión diferentes y más de acuerdo con los habitantes de las ciudades globales. Así pues, desde el año 2015 se ha querido explorar la idea de margen y periferia en relación al arte contemporáneo y al hecho cultural en general. Un margen y una periferia muy adecuados a las características actuales de nuestro territorio inmerso en un proceso de cambio profundo y, en muchas ocasiones, perturbador.

Nuestro entorno se nutre de personas que han llegado a su destino a través de un viaje. Un trayecto seguramente doloroso, forzoso y lleno de sueños y esperanzas. Un camino que ha tamizado los pueblos y las ciudades sin obviar las dificultades y los problemas que ello ha podido ocasionar. Pero como dijo Mark Twain "viajar es un ejercicio con consecuencias fatales para los prejuicios, la intolerancia y las mentes estrechas". Y, precisamente, la misión de Les Bernardes es la de romper, resquebrajar y hacer añicos los preceptos establecidos, las ideas fijas en pro de una nueva manera de ver el mundo más dinámica y libre.
Ahora emprendemos una nueva aventura de la mano de la artista Maïmouna Guerresi y su "Aisha en el país de las maravillas, un viaje a Girona". Y lo hacemos con la generosidad de la Fundación italiana Pasquale Battista con la que nos sentimos profundamente agradecidos. Un viaje que comienza en Italia en dirección a Cataluña y, de aquí, a todo el mundo. No se nos ocurre una manera más sugerente de viajar que hacerlo con compañía y poder caminar juntos.
Las Bernardes es un viaje compartido con la cultura, con las personas y con la libertad. Nuestro vehículo es el arte y nuestro destino queremos decidirlo juntos.
Hemos viajado, viajamos, queremos viajar, viajaremos.

Robert Fàbregas i Ripoll
Director de la Casa de Cultura Les Bernardes

CUIDA DEL SENTIDO, Y LOS SONIDOS SE CUIDARÁN POR SÍ MISMOS

Si es cierto que la identidad es metamorfosis, y que son mutables los paisajes que ilustran sus desniveles, sus paradas, fracturas y remiendos; si también es cierto que la reivindicación del propio ser es posible solo mediante el reconocimiento de la alteridad; es igualmente verdadero afirmar que en nombre de la "identidad" se han disputado los más sanguinarios conflictos tanto sociales como privados, de naturaleza histórica e íntima a la vez. La afirmación del ser psíquico, político, simbólico se ha impuesto a menudo en términos de exclusión, canibalización o colonización del "otro". E incluso como definición misma de la diversidad, entendida como complemento o punto de apoyo del sujeto en su hegemónica posición de poder. Si bien muchas subjetividades históricas (mujeres, negros, cyborgs) han tratado de rebelarse contra una visión falocéntrica, occidental y antrópica de la interacción social, no siempre han logrado sustraerse a la estructura dualista "yo/tú" ,"hombre/naturaleza", "sujeto/objeto" y, desafortunadamente, a veces han acabado por alimentar mecanismos de sometimiento y consumo. Por otra parte, la emergencia ecológica y la revolución digital (procesos potencialmente subversivos a la posibilidad de redefinir "identidad" y "alteridad" en favor de una alianza paritaria) están calcificando las necesidades de exclusión recíproca. Justamente por esto, Alicia (Aisha, Nadia, Selma, Rābi'a) empieza un viaje y llega a un país de las maravillas monstruoso y turbulento del que resurge - diferente de ella misma y de las criaturas que ha encontrado - con suntuosas túnicas de colores, montada a horcajadas de un árbol, sobre trampolines suspendidos, con bolsas que se vuelven nubes y ramas que se tornan pelo. Las obras de Maïmouna Guerresi parecen invitarnos a reconsiderar la relación (hostil, asimétrica, repudiante o asimilativa) entre "subjetividad" y "alteridad" a favor de un escenario armónico en el que cuerpos, divinidades, objetos, plantas o casas hablan de la posibilidad de coexistir fuera de las lógicas del terror, la explotación y el dominio. Partiendo de esta sugestión, la Fundación Pasquale Battista en colaboración con la Casa de

capiti di ritrovarsi il proprio naso nella tasca della giacca, come al barbiere Ivàn Jakovlèviè ne Il naso *di Gogòl, o di trasformarsi in un burattino di legno come Pinocchio o in un asino come racconta Apuleio. Di dilatarsi e restringersi come fa il corpo di Alice nel romanzo di Carroll. Il divenire e la transizione come itinerari per esplorare nuovi paradigmi culturali e di agency politica. E, infine, l'immaginazione come forza critica e creativa per ridefinire, senza mortificarle, le categorie del "sé" e dell'"altro". Ricordandoci sempre, come ci suggerisce la Guerresi nello splendido scatto in copertina, che "chi semina suoni raccoglie senso" (la Duchessa,* Le avventure d'Alice nel paese delle meraviglie. *Traduzione di T. Pietrocòla-Rossetti, Londra, Macmillan and Co., 1872).*

Annalisa Zito
Fondazione Pasquale Battista

IL VIAGGIO A GIRONA DI AISHA.
Saggezza e bellezza nell'arte di Maïmouna Guerresi
LAURA CORNEJO BRUGUÉS*

"Se c'è qualcosa di sacro, il corpo umano è sacro."
Walt Whitman, *Foglie d'erba*, 1855

La Casa della Cultura Les Bernardes (Salt, Girona) ospita in anteprima nazionale l'opera della rinomata creatrice italo-senegalese Maïmouna Guerresi. Fedele al suo lavoro interdisciplinare, l'artista ha ideato, per i quattro spazi espositivi del centro, un progetto site-specific composto da fotografia, video e installazione. Il titolo della mostra ha un duplice significato: *Aisha nel paese delle meraviglie, un viaggio a Girona.* La città catalana diventa la destinazione di un'artista le cui opere hanno viaggiato in quasi tutto il mondo – con esposizioni in Europa, Africa, Stati Uniti, Asia e Medio Oriente – e nella meta di un viaggio iniziatico e allegorico intrapreso da Aisha (traslazione contemporanea del personaggio di Alice) nel paese delle meraviglie.

Lo scambio narrativo fra Aisha e Alice dà origine a un sistema di echi vibranti attraverso la proposta artistica di Maïmouna Guerresi. L'omaggio alle avventure di Alice, descritte nel romanzo fantastico di Lewis Carroll – pubblicato nel 1865 – ci porta verso un complesso dispositivo visivo che trasmette e condivide il pensiero e l'esperienza dell'artista, grazie alla sua immaginazione creatrice; di conseguenza, l'opera d'arte ha un carattere polisemico nel quale lo spettatore si trova a essere agente generatore di significato attraverso il proprio sguardo. Contemplare l'arte della Guerresi implica immergersi in un particolare universo creativo che gira intorno alla spiritualità dell'essere umano, con la sua apologia all'eterodossia di individui e culture, che trascende le frontiere psicologiche, culturali, religiose, politiche e di genere.

Aisha intraprende il proprio viaggio nel paese delle meraviglie, proprio come fece Alice in passato; ma non si trattava di un luogo governato in modo caotico, con un sistema legale arbitrario e privo di significato? Magari lo specchio satirico dell'Inghilterra d'epoca vittoriana potrebbe essere, qui, il riflesso del nostro mondo neoliberista e "liquido"? Come Alice, Aisha è una straniera in una terra a lei estranea, della quale ignora usi e costumi. In diverse occasioni, Alice metteva in discussione l'autorità, sforzandosi di comprendere le regole da essa imposte, sebbene a prima vista appaiano aleatorie e arbitrarie; è forse oggi, attraverso il velo di Aisha, che si retroalimenta l'allusione critica del romanzo al colonialismo? I ritratti fotografici di Aisha sono la rappresentazione di una donna spiritualmente forte e capace di spazzar via gli stereotipi associati all'Islam. Aisha ci ricorda che, per molte donne musulmane, lo *hijab* rappresenta un simbolo d'identità e di ribellione contro l'imperialismo, oppure un modo di restare fedeli alle proprie origini, lontane dalle loro terre, e di distinguersi come membri della propria comunità.

Analogamente si articola l'installazione artistica *La sala delle abluzioni*, che evoca il monumento noto come i "Bagni Arabi" di Girona; questa allude alla tradizione medievale dei bagni pubblici, un'usanza corrente sia tra le persone di religione musulmana, sia tra i cristiani e gli ebrei. Il recinto funzionava come uno spazio libero nel quale le differenze si riconciliavano a favore di una socievolezza condivisa mediante la purificazione rituale. Nel suo apprezzamento trasversale e condiviso della religione, quest'opera della Guerresi ci ricorda che l'uniformità e la colonizzazione culturali sono, in realtà, aliene alle grandi tradizioni dell'umanità.

"Un tempo rifiutavo il mio prossimo se aveva una fede diversa dalla mia. Ora invece il mio cuore si è fatto capace di ogni forma" disse il grande filosofo spagnolo e sufi Ibn Arabi. Ogni popolazione, ogni cultura, ogni razza è stata dotata di qualità naturali grazie alle quali sviluppare l'esperienza del Sacro, manifestatosi tradizionalmente attraverso mezzi come l'Arte – intesa come veicolo e sostegno della trasformazione. Nel Sufismo, versante mistico dell'Islam, i cosiddetti "maestri del cuore" lavorano con le arti – o il dominio del "fare il bello" – come cammino mistico. In una coppia di opere intitolate *Sound*, proprio l'arte è il mezzo per stimolare le possibilità interiori dell'essere umano, il ricordo del Divino e la comunicazione – le premesse basilari dell'Islam che il Sufismo ha rafforzato nella creazione artistica.

Tale "concentrazione interiore" – e al contempo un'"assoluta apertura all'esteriore" – affronta la questio-

Cultura Les Bernardes de Girona, ha querido promover el proyecto Aisha en el país de las maravillas, a través de la publicación de este catálogo. En coherencia con su misión de contribuir a una reflexión sobre modelos posibles de relación ética y estética, la Fundación confía en que el lector o el visitante hallará su nariz en un bolsillo de la chaqueta, como le sucedió al barbero Ivàn Jakovlèviè en "La nariz" de Gogòl, se transformarán en un títere de madera como Pinocho, o en un asno como narra Apuleyo. Se dilatará o encogerá como hace el cuerpo de Alicia en la novela de Carroll. El devenir y la transición se proponen como itinerarios para explorar nuevos paradigmas culturales y de agency política. Y, para terminar, la imaginación, como fuerza crítica y creativa para redefinir, sin mortificarlas, las categorías del "yo" y del "otro". Recordando siempre, como nos sugiere Guerresi en la espléndida fotografía de la portada: ese"cuida del sentido, y los sonidos se cuidarán por sí mismos." (La duquesa, Laaventuras de Alicia en el país de las maravillas. *Traducción de Mauro Armiño, Londres, Macmillan and Co., 1872).*

Annalisa Zito
Fundación Pasquale Battista

EL VIAJE A GIRONA DE AISHA. Sabiduría y belleza en el arte de Maïmouna Guerresi

LAURA CORNEJO BRUGUÉS*

«Si algo es sagrado, ése es el cuerpo humano»
–Walt Whitman, *Hojas de hierba*, 1855

La Casa de la Cultura Les Bernardes (Salt, Girona) acoge en primicia nacional la obra de la reconocida creadora italiana-senegalesa Maïmouna Guerresi. Fiel a su trabajo multidisciplinar, la artista ha ideado, para los cuatro espacios expositivos del centro, un proyecto específico compuesto de fotografía, vídeo e instalación. El título de la muestra es doblemente significativo: *Aisha en el país de las maravillas, un viaje a Girona.* La ciudad catalana se convierte en destino de una artista cuya obra ha recorrido casi todo el mundo –con exposiciones en Europa, África, Estados Unidos, Asia y Oriente Medio– y en meta de un viaje iniciático y alegórico que Aisha –traslación contemporánea del personaje de Alicia– realiza en el país de las maravillas.

El entrecruzamiento narrativo de Aisha y Alicia genera un sistema de ecos que vibran en la propuesta artística de Maïmouna Guerresi. El homenaje a las aventuras de Alicia, descritas en la novela de fantasía de Lewis Carroll –publicada en 1865– nos traslada hacia un complejo dispositivo visual que transmite y comparte el pensamiento y la experiencia de la artista, mediante su imaginación creadora; de este modo se otorga a la obra de arte un carácter polisémico en el que el espectador es agente generador de significado a través de su mirada. Contemplar el arte de Guerresi implica sumirse en un particular universo creativo que gira entorno a la espiritualidad del ser humano, con su apología a la heterodoxia de los individuos y las culturas, que trasciende las fronteras psicológicas, culturales, religiosas, políticas y de género.

Como antaño hiciera Alicia, Aisha emprende su propio viaje en el país de las maravillas; ¿Pero no era este un lugar gobernado de forma caótica, con un sistema legal arbitrario y carente de sentido?; ¿quizás el reflejo satírico de la Inglaterra victoriana podría ser aquí el de nuestro mundo neoliberal y "líquido"? Como Alicia, Aisha es una extranjera en una tierra extraña, de la que desconoce los hábitos y costumbres. En muchas ocasiones, Alicia ponía en duda la autoridad e intentaba comprender las reglas que ésta impone, aunque a primera vista parezcan aleatorias y arbitrarias. ¿Es quizás hoy, a través del velo de Aisha, que se retroalimenta esa alusión crítica de la novela al colonialismo? Los retratos fotográficos de Aisha son la representación de una mujer espiritualmente fuerte, capaz de disipar los estereotipos asociados con el Islam. Aisha nos recuerda que para muchas mujeres musulmanas, el *hijab* es un símbolo de identidad y de rebeldía contra el imperialismo, o una manera de permanecer fieles a sus orígenes, lejos de su tierra, y distinguirse como miembros de su comunidad.

En sentido análogo se articula la instalación artística "La sala de las abluciones", evocando el monumento conocido como los "Baños árabes" de Girona; ésta alude a la tradición medieval de los baños públicos, un hábito corriente tanto para las personas de religión musulmana como para los cristianos y los judíos. El recinto funcionó como un espacio de libertad donde las diferencias se reconciliaban en favor de una sociabilidad compartida mediante la purificación ritual. En su apreciación transversal y compartida de la religión, esta pieza de Guerresi nos recuerda que la uniformidad y la colonización cultural son algo ajeno a las grandes tradiciones de la humanidad.

«Hubo un tiempo en el que rechazaba a mi prójimo si su fe no era la mía. Ahora mi corazón es capaz de adoptar todas las formas», dijo el gran filósofo español y sufí Ibn Arabi. Todo pueblo, toda cultura, toda raza, ha sido dotada con cualidades naturales gracias a las cuales desarrollar la experiencia de lo Sagrado, que se

ne del potere trasformativo dell'arte; non solo per quanto riguarda il processo di ricerca interiore, ma anche nella questione complessa e sempre attuale del ruolo dell'arte in relazione all'azione politica e sociale. L'apparente contraddizione che esiste tra l'auto-assorbimento che potrebbe presupporre lo sguardo introspettivo e la trasformazione sociale si risolve nel discorso espositivo della Guerresi, posto che un determinato modo di esistere nel mondo da parte dell'individuo implichi un atteggiamento politico per la sua capacità di generare cambiamenti nell'ambiente circostante. Riprendere il cammino verso la spiritualità nell'arte – a prescindere da mode e mercato – significa abbandonare una visione desacralizzata del mondo, dove si riscontra l'idea implicita del percorso artistico come un viaggio iniziatico; il concetto di identità interiore e comunicazione è fondamentale per la libertà di espressione, e il cammino artistico di Maïmouna Guerresi e il viaggio di Aisha ne rappresentano una conferma.

Mediante una forte coscienza dell'io, i personaggi delle fotografie percorrono spazi inusuali o vi restano immobili, come a impadronirsi di nuove facoltà fisiche e spirituali. La serie *Trampolines* potrebbe suggerirci l'arrivo di configurazioni energetiche che richiederanno l'assunzione di grandi rischi, oltre all'annuncio del superamento e dell'evoluzione in ambiti che, in precedenza, la protagonista credeva di non padroneggiare. Forse questo oggetto simbolizza lo stabilirsi di un buon legame con la nostra anima, poiché a Maïmouna Guerresi piace esplorare il tema dell'equilibrio (riflesso della sua doppia cultura e appartenenza) in un mondo di infinite possibilità – tante quanti sono gli individui capaci di sperimentare – al quale si aprono la saggezza mistica e le arti sufiste.

Il video *Akhfà Zero* suggerirebbe la tradizione del latte, che nella spiritualità islamica, oltre a significare l'equilibrio e la giusta misura, costituisce il simbolo della *fitra*, ossia la natura primordiale dell'essere umano. I concetti evidenti nelle figure della Guerresi – come la serenità, la maestà, la levitazione e il riposo – si ottengono tramite forme ampie, semplici e geometriche implicanti un equilibrio psicologico; sembrerebbe la nobiltà solenne che appartiene alle *Madonne* velate di Piero della Francesca. Il contrasto tra la frontalità assoluta e il profilo, la tensione della figura femminile somigliante a una colonna grazie alla giustapposizione con il tronco di un albero, ci avvicina al simbolismo di *Roots*, ovvero l'albero che, con i suoi rami tesi, continuerà a rappresentare una metafora dei multipli stati dell'essere mentre essi crescono sulla faccia della terra.

Attraverso una riattualizzazione iconografica dei simboli religiosi islamici e del linguaggio artistico occidentale, l'artista mette il passato in relazione con il presente nei diversi stili ed epoche della sua produzione, il cui filo conduttore restano gli interrogativi senza tempo che collegano arte, spiritualità e vita. Allontanandosi dalla tradizione ritrattistica, Maïmouna Guerresi non coglie personalità singole nelle sue fotografie, ma ci restituisce la congiunzione fra l'individuo e una sfera superiore. Le sequenze di figure uniscono il visibile e l'invisibile dell'essere, mettendoci in relazione – come uno specchio – con l'immobilità e il silenzio di un corpo che agisce come trasmettitore verso il trascendente, verso un'identità astratta e universale che accomuna i destini individuali. Agghindati da vesti scultoree, quasi architettoniche, questi soggetti metafisici si mimetizzano con l'ambiente circostante per diventare altri; ricorrendo alla strategia del *camouflage*, queste creature pluraliste sembrano estendersi oltre i propri limiti fisici. Va notato che è l'artista stessa a dipingere lo sfondo fotografico, come se fosse uno spazio nuovo e illimitato, alla conquista di un'altra dimensione estetica, plastica e di percezione. In questo modo, lo sfondo-tela non agisce da sostegno di segni per rappresentare oggetti materiali, ma si trasforma in una superficie di proiezione mentale e spirituale dello spettatore.

Maïmouna Guerresi ha assunto questo "fare il bello" del pensiero sufista come suo dominio particolare. Attraverso i simboli e le metafore che costituiscono la sua metodologia, e agendo sul sacro e la dimensione del femminile latenti nell'essere umano, la bellezza spirituale che emanano le sue immagini è un'arte che delucida i misteri del corpo, invocando inoltre i valori della diversità e della versatilità permanenti che anelano a essere svelate. Un lavoro artistico sottile e sapiente, che nel corso della sua traiettoria dilatata è consistito nel dare potere alle donne di ogni epoca, cultura e provenienza geografica, mettendo in discussione la realtà e l'identità secondo la chiave interpretativa della spiritualità islamica e la sua ibridizzazione con la cultura occidentale.

Il viaggio a Girona di Aisha è solo un passo ulteriore di questo periplo fantastico nel paese delle meraviglie, che brilla in un'affermazione: l'io è altro. Forse la vita stessa dovrebbe essere una trasformazione costante, un intenso viaggio sul piano culturale e morale, un transito incessante e creatore che possa arricchire la nostra esistenza: "L'arte non è una cosa; è un cammino". (Elbert Hubbard).

* Storica dell'arte PhD, curatrice indipendente e docente

han manifestado tradicionalmente mediante recursos tales como el Arte, entendido como vehículo y soporte para la transformación. En el sufismo, vertiente mística del Islam, los llamados "maestros del corazón" trabajan con las artes –o el dominio de "hacer lo bello"– como camino místico. En un par de obras tituladas *Sound*, es el arte –en este caso la música– el método para fomentar las posibilidades interiores del ser humano, la remembranza de lo Divino y la comunicación, premisas básicas del Islam que el sufismo ha potenciado en la creación artística.

Dicha "concentración interior" y, a la vez, "apertura absoluta a lo exterior", aborda la cuestión del poder transformador del arte; no sólo en lo que se refiere al proceso de búsqueda interior sino también en el dilema complejo y siempre actual del papel del arte en relación con la acción política y social. La aparente contradicción que existe entre ese ensimismamiento que podría suponer la mirada introspectiva y la transformación social, se resuelve en el discurso expositivo de Guerresi al plantear que una determinada manera de estar en el mundo por parte del individuo implica una actitud política por su capacidad de generar cambios en el entorno. Retomar el camino hacia la espiritualidad en el arte –al margen de las modas y del mercado– es abandonar una visión desacralizada del mundo, donde se halla implícita la idea del recorrido artístico como un camino iniciático; los conceptos de identidad interior y comunicación son fundamentales para la libertad de expresión, y el camino artístico de Maïmouna Guerresi y el viaje de Aisha así lo confirman.

Los personajes de las fotografías, a través de su firme sentido del yo, caminan o se detienen en espacios inusuales, como apropiándose de nuevas facultades físicas y espirituales. La serie *Trampolines* podría sugerirnos la llegada de configuraciones energéticas que requerirán la toma de grandes riesgos, y el anuncio de la superación y la evolución en ámbitos que la protagonista antes creía no dominar. Tal vez este objeto simbolice el establecimiento de una buena conexión con nuestra alma, pues Maïmouna Guerresi gusta de explorar el tema del equilibrio –reflejo de su doble cultura y pertenencia– en un mundo de infinitos posibles –tantos como individuos con capacidad de experimentar– al que se abre la sabiduría mística y las artes sufíes.

La videocreación *Akhfà Zero* apuntaría a la tradición de la leche, que en la espiritualidad islámica significa el equilibrio, el justo medio, y constituye el símbolo de la *fitra* o naturaleza primordial del ser humano. Conceptos como la serenidad, la majestad, la levitación y el reposo, ostensibles en las figuras de Guerresi, se obtienen por medio de formas amplias, simples y geométricas que conllevan un equilibrio psicológico; se diría aquella nobleza solemne tan propia de las Madonas con velo de Piero della Francesca. El contraste de la frontalidad absoluta con el perfil, la tensión de la figura femenina semejante a una columna por su yuxtaposición con el tronco de un árbol, nos acerca al simbolismo de *Roots*, o el árbol que con sus ramas extendidas seguirá siendo una metáfora de los múltiples estados del ser mientras éstos crezcan sobre la faz de la tierra.

A través de una reactualización iconográfica de los símbolos religiosos islámicos y del lenguaje artístico occidental, la artista conecta pasado y presente en los diferentes estilos y épocas de su producción, cuyo hilo conductor son los interrogantes atemporales que relacionan arte, espiritualidad y vida. Alejándose de la tradición retratística, Maïmouna Guerresi no captura personalidades individuales en sus fotografías sino la conjunción del individuo con una esfera superior. Las secuencias de figuras únen lo visible y lo invisible del ser, confrontándonos como un espejo a la inmovilidad y al silencio de un cuerpo que actúa como transmisor hacia lo trascendente, hacia una identidad abstracta y universal que acomuna los destinos particulares. Ataviados con ropas escultóricas, casi arquitectónicas, estos sujetos metafísicos se mimetizan con el entorno para ser otros; recurriendo a la estrategia del camuflaje estos seres plurales parecen extenderse más allá de sus límites físicos. Cabe señalar que es la misma artista quien pinta el fondo fotográfico, como un espacio nuevo e ilimitado a la conquista de otra dimensión estética, plástica y de percepción. De este modo, el fondo-tela ya no ejerce como soporte de signos para representar objetos materiales, sino que se convierte en una superficie de proyección mental y espiritual del espectador.

Maïmouna Guerresi ha tomado ese "hacer lo bello" del pensamiento sufí como su dominio particular. A través de los símbolos y metáforas que constituyen su metodología, y actuando sobre lo sagrado y la dimensión femenina que laten en el ser humano, la belleza espiritual que emana de sus imágenes es un arte que dilucida los misterios del cuerpo, e invoca los valores de la diversidad y la versatilidad permanentes que anhelan ser develadas. Un trabajo artístico sutil y sabio, que a lo largo de su dilatada trayectoria ha consistido en empoderar a las mujeres de todas las épocas, culturas y geografías, cuestionando la realidad y la identidad bajo la clave interpretativa de la espiritualidad islámica y su hibridación con la cultura occidental.

IN CAMMINO PER TUTTI I SENTIERI

MANUELA DE LEONARDIS*

Non dite: "Ho trovato la verità," ma piuttosto: "Ho trovato una verità."
Non dite: "Ho scoperto il sentiero dell'anima." Dite piuttosto: "Ho incontrato l'anima che cammina sul mio sentiero."
Poiché l'anima cammina per tutti i sentieri.
L'anima non cammina su di una linea, né cresce come una canna.
L'anima si schiude come un fiore di loto dagli innumerevoli petali.

Kahlil Gibran, *Il Profeta*

Nel viaggio alla ricerca della conoscenza c'è un punto di partenza, ma difficilmente un solo punto d'arrivo. Gibran dedica un capitolo della sua opera più nota alla conoscenza di se stessi, parlando di "cuori che conoscono i segreti dei giorni e delle notti" e "orecchie assetate del suono di quella conoscenza". Ma egli mette anche in guardia rispetto alla limitazione insita nel voler misurare il "tesoro delle vostre infinite profondità": "poiché il vostro io è un mare sconfinato e smisurato".

La conoscenza non è mai univoca e i meccanismi che animano il suo mettersi in moto, portano l'individuo a confrontare il proprio mondo interiore con quello esteriore, arrancando faticosamente nel tentativo di trovare un equilibrio tra dubbi, perplessità e possibilità. Qualsiasi viaggio richiede uno sforzo enorme – si sa – tanto mentale quanto fisico.

Anche per Maïmouna Guerresi la conoscenza rappresenta un passaggio impegnativo del viaggio, ma irrinunciabile. È un momento di riflessione che assume diversi significati. Nel suo lavoro l'artista è tornata più volte a dare una forma visuale a questo anelito profondo, vissuto sulla propria pelle e poi affidato ai diversi personaggi che popolano il suo universo creativo. Figure prevalentemente femminili che lasciano trapelare quella loro straordinarietà, dentro e fuori gli schemi del quotidiano, sospese tra geografie che variano nello spazio e nel tempo.

Si chiamano Nadia, Aisha, Selma, Rābi'a... donne che procedono autonomamente, ma di cui viene sottolineata la forza che scaturisce dalla reciprocità.

È la stessa Guerresi, talvolta, a suggerire all'osservatore delle coordinate geopolitiche più definite, facendo un riferimento più esplicito alla sua esperienza personale di donna e artista con un bagaglio culturale che abbraccia tutte le epoche, dall'arte rinascimentale alla Body Art, vive tra l'Italia e l'Africa occidentale, è convertita all'Islam e sposata in seconde nozze con un Baye Fall.

L'osservatore, tuttavia, non subisce pressioni nella ricerca di nuove direzioni da seguire per attraversare quelle sue mappe che conducono nel territorio dell'emozione.

Un viaggio intrapreso dall'artista con grande coerenza, di cui *Aisha nel paese delle meraviglie* alla Casa della Cultura Les Bernardes di Girona – città-palinsesto di antiche memorie fondate sin dall'antichità sul dialogo oriente/occidente – rappresenta un nuovo paragrafo. L'installazione site-specific *La sala delle abluzioni*, nel contesto della mostra è proprio il momento rituale della purificazione che si rinnova alla presenza dell'acqua, anche al di là dell'aspetto simbolico che assume nelle diverse religioni del globo. Un momento di profonda rigenerazione interiore ed esteriore. Per Maïmouna Guerresi è anche l'occasione per formalizzare un omaggio alla città catalana attraverso l'evocazione dei Bagni Arabi che, costruiti nel XII secolo seguendo la tipologia architettonica delle terme romane, recano le tracce di un passato altalenante di luminosità e oscurità, testimoni di un periodo della storia in cui le culture ebraica, cristiana e musulmana convivevano pacificamente rafforzandosi nel confronto tra similitudini e divergenze.

Integrazione, tolleranza, apertura e rispetto delle diversità sono aspetti complementari della conoscenza, argomenti di una dialettica che, nelle opere di Guerresi, non sono solo parole sussurrate dai corpi ammantati.

Davanti al fondale dipinto, memore della tradizione della ritrattistica fotografica di studio, le sue figure monumentali (eredi dei "giants") perdono lentamente la loro ieraticità bidimensionale per entrare in un paesaggio potenzialmente reale, diventandone parte esse stesse.

L'ambiguità è tangibile, preannunciata dall'evidenza di oggetti che giocano su una natura doppia, come il megafono, il trampolino, l'altalena, il saliscendi, le nuvole-buste di plastica che volteggiano nell'aria gonfie come palloncini.

Non ci sono certezze, il dubbio è costruttivo: questo sembra ripetere come un mantra il messaggio di Maïmouna Guerresi.

Quanto alla natura, offre un'ulteriore chiave d'accesso alla conoscenza, accogliendo in sé quello stato d'armonia che accompagna la creazione del mondo. La grande forza della natura, nel cammino dell'essere umano, si svela quando, ad esempio, l'albero del baobab con le radici che parlano di eternità – slanciato con i suoi rami-antenne verso il futuro – restituisce il respiro rasserenante della saggezza ancestrale.

In questo spazio d'osservazione il percorso è in un certo senso iniziatico, come suggerisce del resto il titolo della mostra *Aisha nel paese delle meraviglie*. L'Alice di Lewis Carroll diventa, allora, Aisha (che in arabo vuol dire viva o vivente), moglie preferita del profeta Maometto, ma non cambia l'elemento della meraviglia che la circonda, ricordandoci quanto sia incompleta l'esperienza cognitiva quando non

El viaje a Girona de Aisha es sólo un paso más de este periplo imaginativo en el país de las maravillas, que fulgura en una constatación: el yo es otro. Quizás toda vida debería ser una continua transformación, un intenso viaje en el plano cultural y moral, un tránsito incesante y creador que pueda enriquecer nuestra existencia: «El arte no es una cosa, sino un camino» (Elbert Hubbard).

* Doctora en Historia del arte, comisaria independiente y profesora

EN MARCHA POR TODOS LOS SENDEROS

MANUELA DE LEONARDIS*

No digáis: "He hallado la verdad"
sino más bien "He hallado una verdad".
No digáis: "He encontrado el sendero del alma". Decid mejor:
"He encontrado el alma caminando en mi senda".
Porque el alma camina por todos los senderos.
El alma no camina en línea recta, ni crece como un bambú.
El alma se despliega como un loto de innumerables pétalos.
Kahlil Gibran, *El Profeta*

El viaje en busca del conocimiento tiene un punto de partida, pero es improbable que tenga un solo punto de llegada. Gibran dedica un capítulo de su obra más conocida al conocimiento de nosotros mismos; habla de "corazones que conocen los secretos de los días y de las noches" y de "oídos que padecen por el sonido del conocimiento de vuestro corazón". Pero también advierte de las limitaciones de querer medir el "tesoro de vuestros infinitos arcanos" "porque el yo es un mar inconmensurable".
El conocimiento nunca es unívoco y los mecanismos que estimulan su puesta en marcha llevan al individuo a confrontar su mundo interior con el exterior, renqueando con dificultades en el intento de hallar un equilibrio entre dudas, perplejidad y posibilidades. Es bien sabido que cualquier viaje requiere un esfuerzo enorme, tanto mental como físico.
También para Maïmouna Guerresi el conocimiento representa un arduo pasaje del viaje, pero es un pasaje al que no se puede renunciar. Es un momento de reflexión que asume varios significados. En su trabajo, la artista ha dado varias veces forma visual a este anhelo profundo, que ha vivido en su propia piel y confiado después a los varios personajes que pueblan su universo creativo.
Figuras prevalentemente femeninas que dejan traslucir cúan extraordinarias son, dentro y fuera de los esquemas de la cotidianeidad, suspendidas entre geografías que varian en el espacio y el tiempo.
Se llaman Nadia, Aisha, Selma, Rābi'a... mujeres que actúan con autonomía, pero en las que se subraya la fuerza que brota de la reciprocidad.
En ocasiones, es la propia Guerresi quien sugiere al observador unas coordenadas geopolíticas más definidas, con una referencia más explícita a su experiencia personal como mujer y artista con un bagaje cultural que abraza todas las épocas (desde el arte del Renacimiento hasta el Body Art), que vive entre Italia y África occidental, que se convirtió al Islam y que está casada en segundas nupcias con un Baye Fall.
Sin embargo, no se presiona al observador en la búsqueda de nuevas direcciones que seguir para atravesar sus mapas, que conducen al territorio de las emociones.
Un viaje que la artista emprende con mucha coherencia y del que *Aisha al país de les meravelles* (Aisha en el país de las maravillas) en la Casa de Cultura Les Bernardes de Girona —ciudad palinsesto de antiguas memorias basadas desde la antigüedad en el diálogo entre Oriente y Occidente— representa un nuevo parágrafo. La instalación *site-specific* "La sala de las abluciones" es, en el contexto de la muestra, el momento ritual de la purificación que se renueva con la presencia del agua, incluso más allá del aspecto simbólico que asume en las varias religiones del planeta. Un momento de profunda regeneración interior y exterior. Para Maïmouna Guerresi es también la ocasión de formalizar un homenaje a la ciudad catalana a través de los Baños árabes del siglo XII construidos siguiendo la tipología arquitectónica de las termas romanas. Los Baños muestran las huellas de un pasado fluctuante entre luminosidad y oscuridad, son testimonios de un periodo de la historia en que las culturas hebrea, cristiana y musulmana convivían pacíficamente reforzándose en la comparación entre simililtudes y divergencias.
La integración, tolerancia, apertura y respeto por la diversidad son aspectos complementarios del conocimiento, argumentos de una dialéctica que, en las obras de Guerresi, no se limita a palabras susurradas por cuerpos embozados.
Ante el fondo pintado, y fiel a la tradición de los retratos fotográficos de estudio, sus monumentales figuras (herederas de los "giants") pierden lentamente su hieratismo bidimensional para entrar en un paisaje potencialmente real, formando ellas mismas parte de él.
La ambigüedad es tangible, anunciada por la evidencia de objetos- que juegan sobre una naturaleza doble, como el megáfono, el trampolín, el columpio, el balancín, las nubes-bolsas de plástico que giran por el aire llenas como globos.
No existen seguridades, la duda es constructiva: esto es lo que parece repetir como un mantra el mensaje de Maïmouna Guerresi.
En cuanto a la naturaleza, ofrece

preveda la curiosità, lo stupore e la meraviglia.
Un'ultima riflessione riguarda, poi, il ruolo della fotografia, richiamata alla sua tradizionale funzione di "testimone" dell'accadimento che, nel fermare l'attimo, stabilisce la relazione di unicità tra soggetto e fotografo. Come scrive Susan Sontag nel suo *Sulla fotografia.* Realtà e immagine nella nostra società: "Nella misura in cui la fotografia è (o dovrebbe essere) un discorso sul mondo, il fotografo conta poco, ma nella misura in cui è strumento di una soggettività intrepida e indagatrice, il fotografo è tutto". Nell'opera di Maïmouna Guerresi, che tra le diverse tecniche utilizza disegno, pittura, scultura, performance, installazione e video, privilegiando proprio il linguaggio fotografico, la fotografia non è che la fase conclusiva di un lungo processo creativo intrapreso realizzando da sé anche i costumi e le scenografie dei set concepiti come un teatro dell'arte. I gesti teatrali, per lei, sono l'azione che permette di compiere la trasformazione dal quotidiano al sacro.

* Storica dell'arte, giornalista
e curatrice indipendente

BIOGRAFIA

Maïmouna Guerresi è un'artista multimediale che lavora con fotografia, scultura, video e installazione. Italo-senegalese, la sua opera presenta un'intima prospettiva sulle idee spirituali degli esseri umani in relazione alle loro dimensioni mistiche interne. Le immagini della Guerresi diventano un apprezzamento dell'umanità condivisa oltre ai confini di natura psicologica, culturale e politica. Con un abbraccio ibrido che comprende in sé il lignaggio delle culture dell'Africa, Asia ed Europa, l'opera di Maïmouna riflette il suo abbracciare la globalizzazione presente nell'arte come la vita. Metafore ricorrenti quali il latte, la luce, l'hijab, gli alberi e il contrasto tra bianco e nero suscitano la consapevolezza delle qualità vitali unificanti della spiritualità islamica. Le figure e le scene proposte dall'artista assumono una nuova luce –quella di una verità universale sulla comunità e l'anima– e l'individuo diventa una dimora sacra, o luogo di incontro dove l'umanità possa riscoprire il corpo mistico condiviso.

Maïmouna Guerresi ha esposto le sue opere in importanti luoghi e istituzioni come il Padiglione italiano della Biennale di Venezia, 1982; Documenta K18, Kassel, Germania 1987; Fondazione Mudima, Milano, 1999; Museo Rocca di Umbertide, Perugia, 1999; CRL Museum Contemporary III, Atlanta, USA 2004; Museo del Filatoio di Caraglio, Cuneo 2008; Les Rencontres de Bamako, National Museum of Bamako Mali 2009; Lucca Digital Photo Festival, Manifattura Tabacchi, Lucca, 2009; Central Electrique, Bruxelles, Belgium 2010; KIASMA Museum of Contemporary Art, Helsinki, Finland 2011; Boghossian Foundation, Villa Empain, Bruxelles, Belgio 2011; Palazzo Ariosti Bevilacqua, Bologna 2011; National Institute of Design, Ahmedabad, India 2012; Italian Culture Center, New Delhi, India 2012.

Il suo lavoro include opere in collezioni pubbliche e private di tutto il mondo tra cui: Boghossian Foundation, Bruxelles, Belgium; Museo di arte contemporanea, Palazzo della Ragione, Verona; European Investment Bank, Lussemburgo; Map Museum, Bangalore, India; M.I.A. Minneapolis Institute of Art, USA; Foundation Alliances, Casablanca, Marocco; Cultural Institute of Islam, Paris, France; MACAAL, Marrakech Museum, Marocco; Paul G. Allen's Private Art Collection; LACMA Museum, Los Angeles, USA; Smithsonian National Museum of African Art, WA, USA.

una clave más de acceso al conocimiento, acogiendo en ella el estado de armonía que acompaña la creación del mundo. Por ejemplo, la gran fuerza de la naturaleza se revela en el camino del ser humano cuando el árbol del baobab, que se abalanza con sus ramas-antenas hacia el futuro y cuyas raíces hablan de eternidad, devuelve la respiración tranquilizadora de la sabiduría ancestral.
En este espacio de observación, el recorrido es de alguna manera iniciático, como, por otra parte, sugiere el título de la exposición, *Aisha al país de les meravelles.* La Alicia de Lewis Carroll se convierte en Aisha (que en árabe significa *viva* o *viviente*), la esposa predilecta del profeta Mahoma, pero no cambia el elemento de la maravilla que la rodea, recordándonos lo incompleta que es la experiencia cognitiva cuando no prevé la curiosidad, el estupor y la maravilla.
Una última reflexión tiene que ver con el papel de la fotografía, que es llamada a su función tradicional de "testigo" del suceso que, al detener el momento, establece la relación de univocidad entre sujeto y fotógrafo. Como escribe Susan Sontag en *Sobre la fotografía. Realidad e imagen en nuestra sociedad:* "En la medida en que la fotografía es (o debería ser) un discurso sobre el mundo, el fotógrafo cuenta poco, pero en la medida en que es el instrumento de una subjetividad intrépida y escrutadora, el fotógrafo lo es todo". En la obra de Maïmouna Guerresi, que usa entre otras técnicas el dibujo, la pintura, la escultura, la performance, la instalación y el vídeo, prevalece el lenguaje fotográfico. La fotografía no es sino la fase conclusiva de un largo proceso creativo emprendido confeccionando ella misma incluso los trajes y las escenografías de los sets que concibe como un teatro del arte. Los gestos teatrales, para ella, son la acción que permite llevar a cabo la transformación de lo cotidiano en sagrado.

* Historiadora del arte, periodista y comisaria independiente

BIOGRAFIA

Maïmouna Guerresi es una artista multimedia que trabaja con fotografía, escultura, vídeo e instalaciones. La obra de la italo-senegalesa presenta una íntima perspectiva sobre las ideas espirituales de los seres humanos en relación con su dimensión mística interior. Las imágenes de Guerresi se convierten en una apreciación de la humanidad compartida más allá de los límites de naturaleza psicológica, cultural y política. Con un abrazo híbrido que comprende el linaje de las culturas de África, Asia y Europa, el trabajo de Maïmouna refleja su manera de abrazar la globalización presente tanto en el arte como en la vida. Metáforas recurrentes como la leche, la luz, el hiyab, los árboles y el contraste entre blanco y negro suscitan la conciencia de las cualidades vitales unificadoras de la espiritualidad islámica. Las figuras y escenas propuestas por la artista asumen una nueva luz, la de una verdad universal sobre la comunidad y el alma, y el individuo se convierte en una morada sagrada o lugar de encuentro donde la humanidad pueda redescubrir el cuerpo místico compartido.

Maïmouna Guerresi ha expuesto en importantes instituciones como la Bienal de Venecia en el pabellón italiano en 1982 y Documenta K18 en Kassel, Alemania 1987; Fondazione Mudima, Milán, Italia, 1999; Museo Rocca di Umbertide, Perugia, Italia 1999; Museum Contemporary III, Atlanta, USA2004; Museo del Filatoio di Caraglio, Cuneo 2008; Les Rencontres de Bamako, National Museum de Bamako Mali 2009; Lucca Digital Photo Festival, Manifattura Tabacchi, Lucca, Italia 2009; Central Electrique, Bruselas, Bélgica 2010; KIASMA Museum of Contemporary Art, Helsinki, Finland ia 2011; Boghossian Foundation, Villa Empain, Bruselas, Bélgica 2011; Palazzo Bevilacqua Ariosti, Bolonia, Italia 2011; National Institute of Design, Ahmedabad, India 2012; Italian Culture Center, Nueva Delhi, India 2012.

Su trabajo está incluido en colecciones privadas y públicas de todo el mundo, como la Boghossian Foundation, Bruselas, Bélgica; Museo di Arte Contemporanea, Palazzo della Regione, Verona, Italia; European Investment Bank, Luxemburgo; Map Museum, Bangalore, India; M.I.A Minneapolis Institute of Art, USA; Foundation Alliances, Casablanca, Marruecos; Cultural Institute of Islam, París, Francia; MACAAL, Marrakech Museum, Marruecos; LACMA Museum, Los Angeles, USA; Paul G. Allen's Privat Art Collection, Seattle, WA, USA; Smithsonian National Museum of African Art, WA, USA.

Courtesy

Mariane Ibrahim Gallery, USA
Officine dell'Immagine Gallery, Italy
Matèria Gallery, Italy

This catalogue has been realized on the occasion of the exhibition
Aisha in Wonderland, a journey to Girona
Casa de Cultura Les Bernardes,
Girona, Catalonia, Spain
3 May – 28 June 2019

Aquest catàleg ha estat elaborat per a l'exposició
Aisha al país de les meravelles, un viatge a Girona
Casa de Cultura Les Bernardes,
Girona, Catalunya, Espanya
3 maig – 28 juny 2019

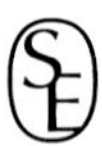

Silvana Editoriale S.p.A.
via dei Lavoratori, 78
20092 Cinisello Balsamo, Milano
tel. 02 453 951 01
fax 02 453 951 51
www.silvanaeditoriale.it

Reproductions, printing and binding in Italy
Printed by Grafiche Aurora S.r.l., Verona (Italy)
March 2019
Les reproduccions, la impressió i enquadernació s'han realitzat a Itàlia
Imprès per Grafiche Aurora S.r.l., Verona (Italia)
Va acabar d'imprimir-se
durant el mes de març 2019

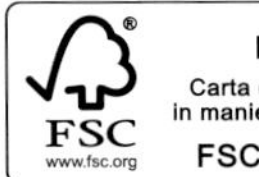